विजयी भव

ज्ञान का दीप जलाए रखूँगा

'हे भारतीय युवक
ज्ञानी-विज्ञानी
मानवता के प्रेमी
संकीर्ण तुच्छ लक्ष्य
की लालसा पाप है।
मेरे सपने बड़े
मैं मेहनत करूँगा
मेरा देश महान् हो
धनवान् हो, गुणवान् हो
यह प्रेरणा का भाव अमूल्य है,
कहीं भी धरती पर,
उससे ऊपर या नीचे
दीप जलाए रखूँगा
जिससे मेरा देश महान् हो।'

—ए.पी.जे. अब्दुल कलाम

विजयी भव

डॉ. ए.पी.जे. अब्दुल कलाम

अरुण के. तिवारी

पुनरीक्षण

अभय कुमट

प्रकाशक

प्रभात प्रकाशन प्रा. लि.

4/19 आसफ अली रोड, नई दिल्ली–110002

फोन : 23289777 • हेल्पलाइन नं. : 7827007777

इ–मेल : prabhatbooks@gmail.com ❖ वेब ठिकाना : www.prabhatbooks.com

संस्करण

2024

अनुवाद

श्री अखिलेश

आवरण चित्र साभार

श्री टी.एस. अशोक, राष्ट्रपति भवन

पेपरबैक मूल्य

तीन सौ रुपए

मुद्रक

नरुला प्रिंटर्स, दिल्ली

———— ★ ————

VIJAYI BHAV (Hindi translation of 'You are Born to Blossom')
by Dr. A.P.J. Abdul Kalam with Shri Arun K. Tiwari

Published by **PRABHAT PRAKASHAN PVT. LTD.**
4/19 Asaf Ali Road, New Delhi-110002

ISBN 978-93-5186-595-7

₹ 300.00 (PB)

खिल के कुछ तो बहारें जाँफिजा दिखला गए,
हसरत उन गुच्छों पर है, जो बिन खिले मुरझा गए।

—बृज नारायण चकबस्त

(कश्मीर के उर्दू कवि,
1882–1926)

भूमिका

भारत के पूर्व राष्ट्रपति डॉ. ए.पी.जे. अब्दुल कलाम द्वारा रचित पुस्तक—'विजयी भव'—के लिए प्राक्कथन लिखना एक ऐसा सौभाग्य है, जो केवल मुझे ही प्राप्त हुआ है। यह बहुत दुर्लभ अवसर है कि एक विद्वान्, वैज्ञानिक, भारतीय अंतरिक्ष कार्यक्रम का नेतृत्व करनेवाले और विश्व के सबसे बड़े लोकतंत्र के लोकप्रिय पूर्व राष्ट्रपति के विचारों पर कोई अपने विचार प्रस्तुत करे। काफी हद तक यह एक चुनौती भी है। जितने गहन विचार इस पुस्तक में दिए गए हैं, उनके आगे मेरे शब्द बहुत हलके और सामान्य ही दिखेंगे।

'अनाज और मिट्टी का मिलन', 'स्वर्ग की शांति की ऊँचाई', 'ब्राउनियन गति और देश' जैसे अध्याय यह बताते हैं कि उन्होंने कितने भिन्न-भिन्न प्रकार के विषयों पर प्रकाश डाला है। शिक्षा व शिक्षण की पृष्ठभूमि पर मानव जीवन-चक्र, परिवार के लोगों के बीच संबंध, कार्य की उपयोगिता, नेतृत्व के गुण, विज्ञान की प्रकृति, अध्यात्म तथा नैतिकता पर बात की गई है। इन विषयों पर विचार करते हुए वे न सिर्फ भारत के आधुनिक व पारंपरिक ज्ञान, बल्कि विश्व के अनेक लेखकों व विचारकों के बारे में भी अपनी रुचि का सुपरिचय देते हैं।

डॉ. कलाम ने अपने भावनात्मक, नैतिक एवं बौद्धिक विकास के बारे में इस प्रकार बताया है कि यह पुस्तक निश्चित ही पाठकों को उन

लोगों और संस्थानों की याद दिलाएगी, जिन्होंने स्वयं पाठकों के सफल होने में मदद की। इस पुस्तक ने मुझे भी अपनी माँ के कविता सुनाने और अपने दादा की लिखी हुई पुस्तक की याद दिला दी। मेरे दादा साधारण पृष्ठभूमि के एक ऐसे इनसान थे, जिन्होंने अपनी पढ़ाई स्वयं की। उन्होंने राजस्व विभाग में नौकरी करने के साथ-साथ स्कॉटलैंड के निबंधकार थॉमस कार्लाइल (1795-1881) के बारे में एक पुस्तक भी लिखी। उन्होंने ही मुझमें गणित विषय के प्रति रुचि व अनुराग की नींव रखी।

पुस्तक के दूसरे अध्याय ने मुझे एडवर्ड VI (1537-1553) द्वारा लंदन शहर के लिए बनवाए गए अनाथालय एवं क्राइस्ट अस्पताल की याद दिला दी, जो अभी भी शानदार तरीके से गरीब बच्चों की शिक्षा के प्रति अपने दायित्व का निर्वाह कर रहे हैं। इस विद्यालय में अनुशासन और आजादी के बीच बहुत सुंदर संतुलन बनाया गया है।

अपनी पढ़ाई के बाद के वर्षों में जब मैं विज्ञान और गणित में विशेष व औपचारिक अध्ययन कर रहा था तब मैं तीन विदेशी भाषाओं के साथ-साथ कला की समझ भी बना पाया और भिन्न-भिन्न विषय पढ़ने लगा।

उच्च माध्यमिक स्तर पर ऐसी समृद्ध और संवेदी शिक्षा पाने के बाद शुरू में तो ऑक्सफोर्ड विश्वविद्यालय कुछ अच्छा नहीं लगा, पर इसने भी मुझे बहुत कुछ दिया, जो हमेशा मेरे साथ रहेगा। वहाँ हर सप्ताह एक निबंध लिखना भी सीखने का एक महत्त्वपूर्ण माध्यम था; यह एक ऐसा अभ्यास जो मुझे जीवन भर लिखने की प्रेरणा देता रहा। यह भी एक विरोधाभास ही है कि इस विश्वविद्यालय ने, जो कि महाविद्यालयी परंपरा के लिए विख्यात है, दूरस्थ शिक्षा से मेरे प्रेम के लिए धरातल उपलब्ध कराया। ऑक्सफोर्ड वास्तव में सीखने की जगह है, पढ़ाने की नहीं। शिक्षक कक्षाओं में पढ़ाते जरूर हैं, पर यह वहाँ के बौद्धिक वातावरण का एक छोटा सा अंश मात्र है। पुस्तकालय, निबंध-लेखन और कक्षाएँ ही ज्ञानार्जन

के मुख्य तरीके हैं। ऑक्सफोर्ड विश्वविद्यालय में अध्ययन वास्तव में दूरस्थ शिक्षा द्वारा ही है।

यह पुस्तक सोचने-विचारने के लिए बहुत सारे आयामों को खोलती है, अनेक व्यावहारिक चुनौतियाँ प्रस्तुत करती है और कई महत्त्वपूर्ण सवाल पाठकों के सामने रखती है कि हर पाठक अपनी एक अलग बौद्धिक-यात्रा पर चल पड़ता है। पश्चिमी वातावरण में पढ़ाई-लिखाई करने के कारण इस पुस्तक को पढ़ना मेरे लिए एक चुनौती के साथ-साथ रोमांचकारी भी रहा। यह विश्लेषण से निष्कर्ष तथा व्यक्ति से समूह के बीच बहुत तेजी से पक्ष बदलती है। इसमें शिक्षा के मार्गदर्शन के लिए ब्रह्मांड को ही चुन लिया गया है।

वैज्ञानिक और तकनीकी खोजों को सही ढंग से मनुष्य के विकास में प्रयोग करने का विचार इस पुस्तक में आरंभ से लेकर अंत तक दिखाई देता है। लेखक का यह मानना है कि विज्ञान और तकनीक के लिए ऐसा अवसर पहले कभी नहीं आया, क्योंकि इस शताब्दी के मध्य तक विश्व की आबादी वर्तगान की तुलना में दोगुनी हो जाने की संभावना है। वे यह कहना चाहते हैं कि नई खोजों से इन लोगों के लिए भोजन, घर, कपड़े, शिक्षा, स्वास्थ्य तथा अच्छा जीवन-स्तर प्राप्त किया जा सकता है। वे लिखते हैं—

> *''मेरा ऐसा सपना है कि सन् 2020 के स्कूल इमारतें न होकर एक ऐसे केंद्र होंगे, जिनमें विश्व भर का ज्ञान शिक्षक, विद्यार्थियों और समाज को आपस में बाँधेगा और सभी के लिए उपलब्ध होगा। किसी भी प्रकार की सीमाएँ इसमें बाधा नहीं बनेंगी। शिक्षक ज्ञान देने के बजाय विद्यार्थियों द्वारा स्वयं से सीखने में मदद किया करेंगे। शिक्षक सूचना को ज्ञान में परिवर्तित करने में और ज्ञान की समझ में परिवर्तित करने में विद्यार्थियों की मदद किया करेंगे''। सन् 2020 में भारत को ज्ञान पर आधारित पीढ़ी चाहिए, न कि*

सूचना पर। और उस समय तक हर उम्र के लोग पढ़ा करेंगे, जिससे वे एक नए विश्व का सामना कर सकें।"

वर्तमान में भारत की जो स्थिति है, उससे डॉ. कलाम के स्वप्न को कैसे साकार किया जा सकता है? यूनेस्को व कॉमनवेल्थ ऑफ लर्निंग में अपने कार्यकाल के दौरान भारतीय शिक्षा के बारे में जानकर मैं प्रसन्न हुआ। मैंने पाया कि भारत के लोगों की आकांक्षाओं को पूरा करने के लिए सभी जरूरी संसाधन इस देश में मौजूद हैं। वास्तव में लेखक भारतीयों को अपनी सफलताओं पर अधिक आत्मविश्वास रखने की वकालत कर रहे हैं। इस देश में बहुत सी नीतियाँ और संस्थाएँ हैं। चुनौती है तो यह कि इन सबको ऐसी प्रक्रिया में शामिल करें कि जिसमें शिक्षक, विद्यार्थी तथा तकनीक को एक ऐसे मंच पर लाएँ, जहाँ शिक्षा के लेन-देन के ऐसे आदर्श हों जैसे कि इस महत्त्वाकांक्षी पुस्तक में सुझाए गए हैं।

मैं एड्यूसेट उपग्रह प्रणाली के बारे में भी बात करना चाहूँगा, जिसके संस्थापकों में डॉ. कलाम भी थे। साथ ही, मैं उन व्यवस्थाओं को भी महत्त्वपूर्ण मानता हूँ, जो भारत अपने विद्यालय व विश्वविद्यालय स्तर पर दूरस्थ शिक्षा के लिए कर रहा है। इस पुस्तक में वर्णित सीखने के समृद्ध वातावरण के सामने दूरस्थ शिक्षा एक अव्यावहारिक और उपहासपूर्ण बात लगती है। लेकिन इस अव्यावहारिकता के पीछे है एक क्रांतिकारी वास्तविकता, जो उन कई सुधारों के लिए एक वाहक का कार्य कर सकती है, जो इस स्वप्न को पूरा करने के लिए चाहिए।

भारत ने खुले विश्वविद्यालय और स्कूल के रूप में संस्थाएँ, तकनीक और नीतियों का ढाँचा बना रखा है, जो उस परिवर्तन के लिए जरूरी है, जिसे डॉ. कलाम लाना चाहते हैं। अब यह दूरदर्शी और प्रेरणादायी लोगों पर निर्भर करता है कि वे इन सभी को सही प्रकार से उपयोग में लाएँ। यह पुस्तक उन सभी के स्वप्नों और प्रेरणाओं को पोषित करेगी।

दूरस्थ शिक्षा का पहला क्रांतिकारी लक्षण है शिक्षा तथा उपयोगी उत्पादों और सेवाओं में तकनीक का प्रयोग करना। प्रकाशित सामग्री से लेकर वेब की दुनिया तक के विभिन्न प्रकार के माध्यमों का प्रयोग करके हम शिक्षा में उपयोग होनेवाले अच्छी गुणवत्ता के उत्पाद कम कीमतों पर तैयार कर सकते हैं। यह प्रयास शिक्षा तक लोगों की पहुँच को आसान बनाएगा और इसे कम कीमत पर उपलब्ध कराएगा। मुक्त विश्वविद्यालय शिक्षकों व विशेषज्ञों की सहायता से अपने पाठ्यक्रम तैयार करते हैं। यह एक ऐसा नवीन प्रयास है, जो शिक्षण को अनुसंधान की भाँति एक सामूहिक प्रयास में परिवर्तित कर देता है। इस प्रक्रिया में शिक्षकों द्वारा बनाई गई उपयोगी शिक्षा सामग्री को साथियों की सकारात्मक सहानुभूति मिलती है और इससे शिक्षा व शिक्षकों दोनों को लाभ होता है। विद्यार्थियों को यह लाभ होता है कि वे भिन्न-भिन्न परिप्रेक्ष्य में विषय को समझते हैं और उन्हें अपने स्वयं के निष्कर्षों पर कसने के लिए प्रोत्साहित होते हैं।

प्रस्तुत पुस्तक यह तर्क प्रस्तुत करती है कि कुछ सीखने के लिए शिक्षकों के साथ-साथ उपयोगी वस्तुओं की भी आवश्यकता होती है। दूरस्थ शिक्षा भी ऐसी ही एक व्यवस्था है, जिसकी खोज पुनः की गई है, क्योंकि यह एक प्राचीन परंपरा भी रही है कि शिक्षक व्यक्तिगत रूप से पढ़ानेवाले व्यक्ति के रूप में देखा जा सकता है। एक प्रभावशाली दूरस्थ शिक्षा प्रणाली में शिक्षक विद्यार्थी के आस-पास ही घूमता हुआ प्रतीत होता है, जैसा कि डॉ. कलाम ने स्वीकृति के बाद कैमस से कुछ पंक्तियाँ पहले अध्याय में उद्धृत की हैं कि '*मेरे आगे मत चलिए, शायद मैं अनुसरण न कर पाऊँ; मेरे पीछे भी मत चलिए, शायद मैं नेतृत्व न कर पाऊँ। मेरे साथ चलिए, मेरा मित्र बनकर।*'

एक अभिलाषा, जो इस पुस्तक में आरंभ से अंत तक है, वह यह है कि 'सभी उम्र के लोग सीखने की इच्छा रखें।' कुछ लोग कहते हैं कि

वयस्क व्यक्ति की परिपक्वता से ही मनुष्य अपने लिए सत्य को पहचान पाता है। मुक्त विश्वविद्यालयों से संबंधित अनुभव, जो भारत और अन्य स्थानों पर प्राप्त किए गए हैं, उससे यह पता चलता है कि शिक्षा-उपयोगी वस्तुओं के साथ-साथ शिक्षकों की आदर व नम्रतापूर्ण उपस्थिति, अधिक उम्र के लोगों को पढ़ने के लिए आदर्श वातावरण उपलब्ध कराते हैं।

जब मैं कुलपति की तरह कार्य कर रहा था तो सैकड़ों विद्यार्थियों ने बड़ी भावुकता के साथ मुझे बताया था कि कैसे उनके शिक्षक रूपी मित्र ने उन्हें अपने लिए नए सत्यों को खोजने में मदद की और उससे प्राप्त होनेवाला आत्मविश्वास दिलाया। बाद के वर्षों में, पढ़कर ही जान पाए कि *'वे सफल होने के लिए ही बने हैं।'*

जो मुक्त विश्वविद्यालय सफल हुए वे शिक्षा और मानव विकास के आदर्शों की बात करते रहते हैं, जो 'विच्छेद के दर्द' से प्रदर्शित होता है और अब यह पारंपरिक शिक्षा प्रणाली में दुर्लभ होता जा रहा है। डॉ. कलाम ने आठवें अध्याय में इसके बारे में लिखा है। मुझे विश्वास है कि डॉ. कलाम चांसलर लॉर्ड फ्रोथर के विचारों से सहमत होंगे, जो सन् 1969 में पहली बार चंद्रमा की यात्रा करके आए अंतरिक्ष यात्रियों की वापसी के कुछ दिनों बाद ब्रिटिश मुक्त विश्वविद्यालय के उद्घाटन अवसर पर बोलते हुए उन्होंने रखे थे। उन्होंने कहा था—

> *''यह कितना महान् अवसर है कि जब मनुष्य के समक्ष अंतरिक्ष का रहस्य खुला है, उसी सप्ताह में हम भी अपना यह कार्य शुरू कर रहे हैं। ब्रह्मांड और अंतरिक्ष की सीमाएँ अनंत हैं और उसी तरह मानव समझ की भी, उससे कहीं अधिक जितना हम विश्वास किया करते थे। मुझे मिल्टन का वह वर्णन याद आ रहा है, जिसमें इससे भी अधिक की आशा की गई है, जितना उस मिशन से हमने अर्जित किया है—सभी ग्रह अपनी-अपनी कक्षाओं में खड़े हुए थे, जब चमकदार रोशनी प्रकट हुई और*

कहा, 'हमेशा से बंद रहे दरवाजों को खोलो, स्वर्ग के जीवन के दरवाजों को खोलो। महान् रचनाकर्ता कार्य से वापस आया है, अपने अद्‌भुत कार्य से, जिसमें उसने छह दिनों में एक नया विश्व बनाया'।''

—सर जॉन डेनियल

अध्यक्ष,
कॉमनवेल्थ ऑफ लर्निंग
वैंकूवर, कनाडा

प्रस्तावना

5 जुलाई, 2006 को मैं दक्षिणी उड़ीसा के ब्रह्मपुर शहर स्थित माध्यमिक विद्यालय के शताब्दी समारोह में भाग लेने पहुँचा। तूफानी मौसम के बावजूद वहाँ हजारों विद्यार्थी उपस्थित थे। उन्हें देखकर मेरा हृदय आनंद से भर गया। मेरे साथ मेरे मित्र श्री कोटा हरिनारायण थे, जो 'भारतीय हलके लड़ाकू विमान विकास परियोजना' के प्रमुख रह चुके हैं। श्री कोटा भी इसी विद्यालय के एक विशिष्ट व पूर्व छात्र थे। मैंने उनसे पूछा, "जब आप यहाँ पर विद्यार्थी थे तब क्या कभी सोचा था कि एक दिन आप एक लड़ाकू विमान का विकास करेंगे?"

अपने विशेष अंदाज में हँसते हुए कोटा ने उत्तर दिया, "मुझे लड़ाकू विमान के बारे में कुछ भी ज्ञान नहीं था, लेकिन मुझे यह पूर्ण विश्वास था कि मैं जरूर कुछ महत्त्वपूर्ण उपलब्धि प्राप्त करूँगा।" क्या बचपन से ही बच्चों में ऐसा कुछ होता है जो बाद में उन्हें सफल बनाता है?

शायद हाँ! रामेश्वरम् पंचायत बोर्ड स्कूल में विज्ञान के मेरे अध्यापक श्री शिवा सुब्रह्मण्या अय्यर ने सन् 1941 में मुझमें एक विशाल दृष्टिकोण का द्वार खोल दिया था, जब उन्होंने बताया कि पक्षी कैसे उड़ते हैं—एक ऐसा स्पष्टीकरण, जिसने अंततः मुझे मेरे जीवन-लक्ष्य की ओर उड़ान भरने की प्रेरणा दी—तथ्यात्मक व लाक्षणिक दोनों प्रकार से। एक अध्यापक की जिम्मेदारी बहुत महत्त्वपूर्ण होती है—कि एक विद्यार्थी को वह सारे बोध और अभ्यास उपलब्ध कराए, जिस कारण एक 10 साल का बच्चा एक

लंबे वंश-क्रम को विकास की ओर ले जाता है।

इस ग्रह पर शताब्दी के तीन-चौथाई समय के रहते हुए और लगभग पाँच लाख युवा विद्यार्थियों से बातचीत करके शिक्षा के प्रति मेरा दृष्टिकोण यह बना है कि शिक्षा वास्तव में एक ऐसी प्रणाली है, जिसके घटक एक-दूसरे की मदद से कार्य को पूरा करते हैं। हम चार अलग-अलग घटक चिह्नित कर सकते हैं, जो मिलकर एक अंतर्संबंधित वस्तु बनाते हैं और जो पूर्ण होती है। यह पूर्ण वस्तु घटकों के जोड़ से अधिक होती है। इन चार अंतर्संबंधित घटकों के बिना किसी भी प्रकार की शिक्षा एक विद्यार्थी का उस तरह मार्गदर्शन नहीं कर सकती, जो भविष्य में सामने आनेवाला है। अब प्रश्न यह है कि वे कौन से घटक हैं, जो मिलकर शिक्षा को संपूर्ण रूप में परिभाषित करते हैं ?

पहली अवस्था में व्यावहारिक, ठोस और सुनिश्चित घटक आते हैं; अगली अवस्था में हैं—पद्धति एवं तरीके। यह कहना सही होगा कि अधिकतर लोग इन दो अवस्थाओं को तो समझ ही जाते हैं। तीसरी अवस्था में एक व्यक्ति सामान्य अनुभव के वैचारिक धरातल से होता हुआ एक ऐसी अवचेतन समझ की स्थिति में पहुँचता है, जो एक विकसित आत्मा के प्राकृतिक उत्थान का सूचक है। चौथी और अंतिम अवस्था दार्शनिक व निराकार आयाम के अस्तित्व की अभिव्यक्ति है। हर संस्कृति में इन चार अवस्थाओं को अलग-अलग नामों से जाना जाता है।

हिंदू समाज में जीवन को चार अवस्थाओं के क्रम में माना गया है। ये अवस्थाएँ हैं—'ब्रह्मचर्य '(विद्यार्थी), 'गृहस्थ' (घर-परिवारवाले), 'वानप्रस्थ' (मुख्य कार्य से मुक्ति) और 'संन्यास' (जब सेवानिवृत्ति घोषित हो जाती है)। हर अवस्था का 'धर्माचरण' अलग-अलग होता है। ऐसा कहा जाता है कि ये चार अवस्थाएँ तैयारी, उत्पादकता, सेवा तथा सेवानिवृत्ति के लिए हैं। लोगों को खुश रहने के लिए या सुरक्षित रहने के लिए अथवा अपने मित्रों या सहकर्मियों के साथ आदर भाव व उनकी प्रशंसा के लिए पढ़ने की

जरूरत नहीं है। उन्हें यह सब कैसे पाना है, यह जानने के लिए अकसर उपदेश की आवश्यकता होती है। हिंदू धर्म यह सुझाता है कि इन मूल्यों का प्राकृतिक रूप में विकास होता है और एक व्यक्ति को अपनी मौलिक रुचि के क्षेत्र में ही विकास करना चाहिए। इन चार अवस्थाओं या 'आश्रमों' की समझ से विकास का संस्थानीकरण हो जाता है, जो अधिक सार्थक एवं संतुष्टिदायक मूल्यों की ओर ले जाता है।

बौद्ध धर्म में जागरण (ज्ञान-बोध) की चार अवस्थाओं को पूर्ण जागरण के लिए चौतरफा कोशिश की तरह माना गया है। ये चार अवस्थाएँ इस प्रकार हैं—सोतापना—एक अर्ध-जाग्रत् व्यक्ति, जिसने स्वयं के दर्शन, संशय तथा आजादी को रोकनेवाली परंपराओं तथा रीति-रिवाजों पर काबू पा लिया है। सकादगामी—वह व्यक्ति, जिसे अभी भी तीव्र इच्छा तथा ईर्ष्या होती है। अनागामी—जो व्यक्ति इच्छा तथा ईर्ष्या से पूर्णतः मुक्त है तथा अराहंत—एक व्यक्ति, जिसने इस विश्व में जीवन-मरण के चक्र के सभी कारणों से मुक्ति पा ली है।

पश्चिमी विचारधारा में भी मानव के आध्यात्मिक विकास में चार चरण होते हैं। पहली अवस्था है उपद्रवी, अव्यवस्थित एवं लापरवाही की अवस्था। इस अवस्था में एक व्यक्ति अपनी इच्छा के अतिरिक्त किसी और की बात नहीं मानता, वह आज्ञा मानने से मना करता है। अपराधी अधिकतर ऐसे ही व्यक्ति होते हैं जिनका इस अवस्था से आगे विकास नहीं हुआ होता। दूसरी अवस्था में एक व्यक्ति आँखें बंद करके विश्वास करता है। जब बच्चे अपने माता-पिता की बात मानने लगते हैं तब वे इस अवस्था में पहुँच जाते हैं। अधिकतर धार्मिक व्यक्ति इस दूसरी अवस्था में ही होते हैं, क्योंकि वे ईश्वर पर पूर्ण रूप से विश्वास करते हैं और उसके अस्तित्व पर प्रश्न नहीं करते। पूर्ण विश्वास के कारण आदर और सेवा करने के भाव अपनी इच्छा से तथा नम्रतापूर्वक प्रकट होते हैं। अधिकतर अच्छे नागरिक, जो सभी कानूनों को मानते हैं, इस दूसरी अवस्था से कभी बाहर नहीं निकलते। तीसरी

अवस्था है वैज्ञानिक संशय तथा जिज्ञासा की अवस्था। इस अवस्था में एक व्यक्ति तब तक किसी चीज पर विश्वास नहीं करता जब तक कि उसके पीछे के तर्क से वह संतुष्ट न हो जाए। वैज्ञानिक और तकनीकी संस्थाओं में कार्य करनेवाले अधिकतर लोग इस अवस्था में ही रहते हैं। चौथी अवस्था में व्यक्ति प्रकृति के सौंदर्य एवं अद्भुत चीजों का आनंद लेने लगता है; परंतु संशय के साथ-साथ। वह प्रकृति के बड़े परिदृश्य पर समझ बनाने लगता है। उसके धार्मिक तथा आध्यात्मिक विचार दूसरी अवस्था के व्यक्ति से बहुत भिन्न होते हैं, क्योंकि वह आँखें बंद करके विश्वास करने के कारण उन्हें नहीं मानता, बल्कि वह उनपर पूर्ण विश्वास करता है। चौथी अवस्था में व्यक्ति चमत्कारक हो जाते हैं।

सूफी कल्पना या *तसव्वुफ* की इसलामिक परंपरा में इन चार अवस्थाओं को एक बढ़ते हुए क्रम में 'शरीअत', 'तरीकत,' 'मेरिफत' तथा 'हकीकत' के नाम से जाना जाता है। 'शरीअत' नियमों की एक पुस्तक है, जिसका बिना किसी संदेह के आचरण करना चाहिए। 'तरीकत' का अर्थ है—प्रशिक्षण। सही कहा जाए तो 'मेरिफत' का अर्थ है—उपकरण, जबकि 'हकीकत' आखिरी पायदान है।

नागरिक समाज की व्यवस्था इस बात पर निर्भर करती है कि शिक्षा से समाज के नवयुवकों को प्रबुद्ध नागरिक कैसे बनाया जाए—ऐसे वयस्क, जो जिम्मेदार हों और विचारों से परिपूर्ण व साहसी हों? यह न तो सेवा क्षेत्र की जिम्मेदारी है और न ही सरकार की। यह वास्तव में एक जटिल और चुनौतीपूर्ण कार्य है, जिसके लिए नैतिक मूल्यों के सिद्धांतों, राजनीतिक परिकल्पना, सौंदर्यशास्त्र व अर्थशास्त्र की अच्छी समझ आवश्यक है। इस सबसे बढ़कर अपने व्यक्तित्व में छुपे बालमन व समाज की मन:स्थिति की अच्छी समझ भी आवश्यक है। इस कार्य की जिम्मेदारी न तो सरकार पर छोड़ी जा सकती है, न ही इसे पैसे से किया जा सकता है।

हर क्षेत्र में उन्नति इस बात पर निर्भर करती है कि विद्यालयों की

सिखाने की क्षमता क्या है? इस प्रकार शिक्षा भविष्य के विकास और समृद्धि का साधन है। एक व्यक्ति का विकास तथा अपने लक्ष्यों की पूर्ति बचपन में की गई पर्याप्त तैयारी पर निर्भर करती है। नींव जितनी मजबूत बनाई जाएगी, बालक जीवन में उतना ही अधिक सफल होगा। शिक्षा के साधारण व बुनियादी तत्त्व एक बालक को काफी आगे ले जा सकते हैं।

शिक्षा का एक प्रमुख उद्देश्य है—'ज्ञान प्रदान करना'। मूल रूप से यह लक्ष्य ज्ञान की प्रकृति, उत्पत्ति तथा विस्तार के बारे में बात करता है। लेकिन ज्ञान की प्रकृति एवं विविधता का विश्लेषण, सत्य एवं आस्था जैसी धारणाओं का ज्ञान से संबंध भी उतना ही महत्त्वपूर्ण है। हम अपने बच्चों को विदेशी कंपनियों का नौकर बनाने के लिए नहीं पढ़ा रहे हैं। यह तो अपने राष्ट्र के अस्तित्व एवं भविष्य को दाँव पर लगाने जैसा होगा।

परंपराओं को देखें तो भारतीय समाज ज्ञान पर आधारित रहा है। इस धरती पर महान् दार्शनिक व शिक्षकों ने जन्म लिया है। भारतीय परंपराओं ने शिक्षा की लक्ष्यसाधना के साथ-साथ शिक्षा के तरीकों व विचारों को विस्तृत रूप में समेटा है। मैंने रवींद्रनाथ टैगोर और जिद्दू कृष्णमूर्ति के लेखों में संस्कृति की दो बिलकुल विपरीत परिभाषाएँ पाई हैं। रवींद्रनाथ टैगोर ने कहा है कि रचनात्मकता के विकास के लिए संस्कृति उसी प्रकार जरूरी है जैसे फूलों को खिलने के लिए उपवन। दूसरी तरफ जिद्दू कृष्णमूर्ति कहते हैं कि संस्कृति रचनात्मकता का विनाश कर देती है। वे प्रतिभाशाली व्यक्ति को वस्तुतः एक विद्रोही मानते हैं। परंतु यह पुस्तक बीच का रास्ता चुनती है। परंपरागत शिक्षा के महत्त्व को मूलभूत मानते हुए, जिसमें शरीअत, तरीकत आदि अवस्थाएँ शामिल हैं और जिनका उल्लंघन नहीं किया जा सकता। यह पुस्तक 'मेरिफत' की मूल-भावना पर केंद्रित है।

मैंने यहाँ वही लिखा है, जो प्राथमिक तौर पर देखा। बड़ी परियोजनाओं पर पाँच दशकों के कार्य, प्रेरणादायी नेतृत्व में कार्य करने का अवसर, प्रतिभा-संपन्न साथी व प्रतिबद्ध कनिष्ठ साथियों ने मुझे बहुत कुछ सिखाया,

जो मुझे भावी पीढ़ी के अध्यापकों व विद्यार्थियों के साथ बाँटना चाहिए। 'मेरिफत' की मेरी व्याख्या कुछ इस प्रकार है—ब्रह्मांड की ऊर्जा को एक व्यक्ति के वंशानुगत अस्तित्व के प्रकृतिकरण की प्रक्रिया को प्रेरित करना। मैंने इसे कार्य के निर्णायक अवसरों पर अनुभव किया है और मैं इसे एक स्तर से ऊपर उठने के लिए जरूरी शिक्षा मानता हूँ।

भारतीय परंपराओं में ऐसे अनेक उदाहरण उपस्थित हैं। प्रतिभा-संपन्न तिरुवल्लुवर, कबीर और विवेकानंद ब्रह्मांड की श्रेष्ठ परंपरा के उदाहरण हैं। हर किसी ने अपने ही तरीके से, अपने समय में विचारों एवं उनके प्रतिबिंबों के नए परिदृश्य उपस्थित किए। फिर हमारे यहाँ विज्ञान, विशेष तौर पर भौतिकी व गणित की महान् परंपरा रही है, जिसमें नोबेल पुरस्कार भी मिले। हालाँकि विगत समय से नई पीढ़ी की विज्ञान के प्रति रुचि कम होती जा रही है। आजकल नई पीढ़ी नई राह खोजने की बजाय अनुसरण करने में अधिक विश्वास रखती है।

इस आधुनिक विश्व में धन-दौलत नवीन खोजों द्वारा ही संभव है। नैनोटेक्नोलॉजी का उभरता विषय वास्तव में हर किसी के लिए उपयोगी है। भारत इस नए क्षेत्र में विश्व का नेतृत्व कर सकता है। सूचना प्रौद्योगिकी ने भारत को विश्व में एक अच्छी पहचान दिलाई और इस क्षेत्र में उपलब्धियों के लिए सम्मान भी। हालाँकि इससे लाभ कुछ लोगों के रोजगार दिलाने या निर्यात में बढ़ते अनुपात तक ही सीमित है। इसे शोध को मदद देने या दोहन से आगे बढ़ना चाहिए।

यह पुस्तक एक प्रयास है नौजवानों को यह बोध कराने का कि शिक्षा के क्षेत्र में ऐसे बहुत से संसाधन एवं सहायक प्रणालियाँ हैं, जिन्हें अगर प्रयोग में नहीं लाया जाता तो वे दिखाई नहीं देंगी।

इस पुस्तक में ऐसी बहुत सी छोटी-छोटी बातें हैं, जिन्हें पिछले पाँच वर्षों में हजारों बच्चों से अपने संपर्क के दौरान मैंने रोचक पाया। लेकिन ऐसी बातें पारंपरिक शिक्षा में शामिल नहीं की जाती हैं, बावजूद इसके कि इनका

कोई विकल्प नहीं है। मेरी वेब साइट पर मेरे लिए कई रोचक प्रश्न आते हैं—एक गोले को हम 360 डिग्री में ही क्यों बाँटते हैं? जोड़ और घटा के निशान गणित में कब और कहाँ शामिल किए गए? आर्यभट्ट ने, जिसे सन् 499 में ढूँढ़ लिया, उसे कॉपरनिकस ने एक हजार साल बाद ढूँढ़ा, तो इसमें क्या विशेष है?

हम आतंक के युग में रह रहे हैं। कुछ ऐसे लोग हैं जिन्हें यह विश्वास है कि एक स्वप्न के लिए अपना बलिदान देने से उन्हें स्वर्ग में महत्त्वपूर्ण स्थान मिलेगा। ऐसा अजीब विचार और ऐसा स्वर्ग कहाँ से आया? क्या यह जन्नत यहाँ अभी नहीं है? क्या यह पृथ्वी सारी मानवता के लिए एक उपहार नहीं है? क्या सभी व्यक्तियों का इसी जन्म में सफल होना पूर्वनियोजित नहीं है? यह पुस्तक इस बात का जवाब नहीं देती। परंतु वास्तव में यह प्रश्न सामने रखती है कि ऐसा क्यों नहीं हो सकता? क्या सभी कलियों का खिलना पूर्वनियोजित नहीं है?

—ए.पी.जे. अब्दुल कलाम

आभार

प्रस्तुत पुस्तक राष्ट्रपति डॉ. कलाम के साथ भारत के पंचायती स्कूलों से लेकर विश्व के जाने-माने विश्वविद्यालयों में उनके साथ भ्रमण के दौरान उपजी। मैं राष्ट्रपतिजी के सहयोगियों—विशेषकर आर. स्वामीनाथन, एस.एम. खान, अनिल मनाकतला, बी.के. सिंह, एच. शेरिडोन तथा आर.के. प्रसाद—को धन्यवाद देता हूँ। हमारे सभी दौरों पर मेरा भलीभाँति खयाल रखा गया।

केयर हॉस्पिटल के अध्यक्ष बी. सोमा राजू तथा केयर फाउंडेशन के अध्यक्ष पी. कृष्णनम राजू से भरपूर समर्थन और प्रोत्साहन मिला कि मैं अपना समय और ध्यान इस पुस्तक को लिखने में दे पाऊँ। मेरे सहयोगी श्री एम.बी. संगमा ने इस पुस्तक के संपादन में मेरी बहुत सहायता की और इसे ऐसा रोचक व सुपाठ्य बनाया कि नौजवान इस विषय को पसंद करें और समझें।

उनके मूल्यवान् सहयोग के लिए मैं धन्यवाद देना चाहूँगा अपने मित्रों को, जिनमें शामिल हैं—राजीव संगल (निदेशक, इंटरनेशनल इंस्टीट्यूट ऑफ इन्फॉरमेशन टेक्नोलॉजी, हैदराबाद); कासू प्रसाद रेड्डी (मेक्सीविजन आई हॉस्पिटल, हैदराबाद के प्रमुख); प्रियेश तिवारी (केयर हॉस्पिटल, हैदराबाद); एस.जी. प्रसाद (केयर फाउंडेशन, हैदराबाद); डेनिस मारकस मैथ्यू (अब एलिप्येय में कार्यरत) तथा एस.ए. तैमईया (फ्रंटलाइन पब्लिकेशंस, हैदराबाद)।

—**अरुण के. तिवारी**

विषय-सूची

1

मिट्टी और अनाज का संबंध

हमारी शिक्षा–प्रणाली को वर्तमान समय की चुनौतियों का सामना करने के लिए जल्द–से–जल्द तैयार हो जाना चाहिए और सामाजिक परिवर्तन में अपनी भागीदारी निभानी चाहिए। यही विश्व में हमारी प्रतिस्पर्धा की क्षमता का आधार होगा।[1]

क्या हम सब में सफल होने की योग्यता है या यह कुछ ही लोगों तक सीमित है? क्या आंतरिक ज्ञान का प्रकाश या निरंतर परेशान करनेवाली समस्या का समाधान खोजना एक साधारण बात है या कोई दैवी कार्य? वह समाधान जो, अंतर बताता है एक साधारण और प्रतिभा-संपन्न व्यक्ति में या एक आम और सफल व्यक्ति में। इसी तरह के कुछ प्रश्न मेरे मस्तिष्क में घूम रहे थे, जब मैं अक्तूबर 2004 में स्विट्जरलैंड गया और अल्बर्ट आइंस्टीन (1879-1955) के घर में उनकी कुरसी पर बैठा। सन् 1905 में जब लोगों ने आइंस्टीन को पेटेंट कार्यालय से अपने द्वारा की गई तीन बेहतरीन शोधों के कागज लिये निकलते देखा तो किसने सोचा था कि यह मानव समाज की समझ को ही बदल देगा।[2] आइंस्टीन को सफलता का

आशीर्वाद मिला कि वे बीसवीं सदी के सबसे महान् वैज्ञानिक के रूप में जाने गए। लेकिन उन कलाकारों और वैज्ञानिकों का क्या हो, जिनके विचारों को उस समय के विशेषज्ञों ने नकार दिया था—उदाहरण के लिए, निकोलस कॉपरनिकस (1473–1543), गैलीलियो गैलीली (1564–1642) और चॉर्ल्स डार्विन (1809–1882) जैसे महान् वैज्ञानिक? यह कहा जा सकता है कि सर आइजक न्यूटन (1643–1727) ने गुरुत्वाकर्षण की और थॉमस अल्वा एडिसन (1847–1931) ने बिजली के बल्ब खोज की। क्या होता श्रीनिवास रामानुजन (1887–1920) की असाधारण विलक्षणता का, अगर ब्रिटिश गणितज्ञ सी.एच. हार्डी (1877–1947) उसपर कार्य नहीं करते? उस बौद्धिक व सामाजिक तंत्र के बिना, जिसने उनकी सोच को प्रेरित किया और वे आविष्कार, जो इससे पहले किए गए, उनके बिना न्यूटन और एडिसन के आविष्कारों के विषय में सोचा भी नहीं जा सकता। व्यक्ति की विशेषता वास्तव में बहुत महत्त्वपूर्ण होती है। परंतु इससे अधिक कुछ और भी है, जो इन सबको प्रभावित करता है।

यह पुस्तक इसी विषय को टटोलती है और इसे प्रभावित करनेवाले कारकों का विश्लेषण करती है। यह उस मार्गदर्शन के बारे में है, जो ब्रह्मांड से प्राप्त हुआ है। एक अवस्था ऐसी आती है, जब हल अपने आप निकलते हैं। दशकों तक यह विचार बहुत असंगत माना जाता था कि एक ग्रह के विभिन्न महाद्वीप बड़ी-बड़ी प्लेटों पर अपना स्थान बदलते रहते हैं, लेकिन अब भूकंपों की भविष्यवाणी इसी आधार पर की जाती है।[3] जब तक विलियम हार्वे (1578–1657) ने यह नहीं सुझाया कि शरीर के अंदर हृदय द्वारा रक्त एक बंद लूप में प्रवाहित किया जाता है, मानव समाज को यह पता नहीं था और अब चिकित्साविज्ञान इसी तथ्य पर आधारित है।

अनुभव के आधार पर मैं यह कह सकता हूँ कि एक समय ऐसा अवश्य आता है, जिसमें निष्क्रियता होती है—शांति और गंभीरता का समय, जो आपकी सहनशीलता, इरादे और आपके द्वारा किए गए अथक परिश्रम की परीक्षा लेता है। तब अचानक एक संपूर्ण समाधान सामने आता है, जैसे

यह सब किसी दैवी निर्देशन में हो रहा हो! इसलामिक दृष्टिकोण के अनुसार, ऐसे निर्देशन को 'मेरिफत' कहते हैं। पूर्वी सभ्यताओं में इसे 'ज्ञान की प्राप्ति' (enlightment) होना कहते हैं और पश्चिमी सभ्यता इसे 'अंतर्ज्ञान' (intution) का नाम देती है।

अपने समय के उन लोगों से बातचीत करके, जो आधिकारिक तौर पर बहुत कुछ बता सकते हैं, और समय-समय पर व्यक्त किए गए महान् विचारों को आधार मानकर कुछ सोचने को प्रेरित किया। मैं जीवन को सीखने की एक प्रक्रिया के रूप में देखता हूँ। ज्ञान प्राप्त करना एक धीमी प्रक्रिया है और बहुत से लोग शिक्षा को जीवन की तैयारी के रूप में देखते हैं। शिक्षा का अर्थ है—सीखने और पढ़ने के विशेष गुण—और कुछ कम वास्तविक परंतु बहुत महत्त्वपूर्ण निर्णय लेने की क्षमता, विवेक और समझदारी। इन सबसे बढ़कर शिक्षा एक पीढ़ी से दूसरी पीढ़ी तक संस्कृति का बोध कराती है। शिक्षा-प्रणाली को सांस्कृतिक धरोहर, उसके संसाधन, उसकी स्थिति व उसमें बदलाव एवं गिरावट का आकलन करना चाहिए। इतिहास में अशांति के कई दौर आए, जब मुसीबतें सहन करनी पड़ीं। यह भी कोई विश्वासपूर्वक नहीं कह सकता कि भविष्य में कोई लड़ाई नहीं होगी। क्या सुरक्षा के लिए हमारे पास कुछ है। जब भी मतभेद गंभीर हो उदार शिक्षाएँ हमें नए दृष्टिकोण देती हैं और जीवन को स्व-उपचार पद्धति के रूप में देखना सिखाती है ऐसे में हम कहाँ से शुरुआत करें?

मेरा ऐसा मानना है कि लोगों को यह सिखाना कि वे अपने लिए सत्य को प्रयोग में कैसे लाएँ, यह शिक्षा व्यवस्था के लिए एक अच्छी शुरुआत होगी। लेकिन मैं यह महसूस करता हूँ कि हमारे समय में यह विचार बहुत प्रचलित नहीं था। 'जब संपूर्ण' सत्य जैसी कोई चीज नहीं होती थी—सारा ज्ञान अधूरा था, विकसित हो रहा था या किसी सांस्कृतिक निर्माण के साथ संबंधित था। जो लोग वास्तविकता को शब्दों में बाँधना चाहते हैं, उनकी अज्ञानता विश्वास से परे है। इस पुस्तक के माध्यम से मैं उन लोगों को चेताना चाहता हूँ, जो शिक्षा को नियंत्रित तथा निर्देशित कर रहे हैं।

इटली के दार्शनिक गियोवानी बटिस्ता विको (1668-1744) ने इतिहास बनानेवाली तीन प्रवृत्तियों की पहचान की। साथ ही सभ्यताओं को आकार देनेवाली 'सजा' के तीन तरीकों को भी परिभाषित किया। ये तीन प्रवृत्तियाँ थीं—विधाता में विश्वास, माता-पिता बनने की महत्ता को पहचानना तथा मृत लोगों को दफनाना। इन तीनों ने धर्म, परिवार व समाधि की परंपराओं को जन्म दिया। तीन सजाएँ थीं—शर्म, जिज्ञासा तथा कार्य करने की जरूरत।[5]

उनका ज्ञान प्राप्त करने में कई पीढ़ियाँ गुजर गईं। इसमें दुनिया के हर कोने से अनगिनत लोगों का योगदान रहा और यह सब युवा विद्यार्थियों को सौंप दिया जाता है—उनकी विरासत की तरह, जिससे वे उसे ग्रहण कर सकें, उसका सम्मान कर सकें और उसमें कुछ जोड़कर एक दिन ईमानदारी से यह सब आनेवाली पीढ़ी को सौंप सकें। हम तो मर सकते हैं, किंतु सभी के लिए उपयोगी वस्तु खोजकर अमरता प्राप्त कर सकते हैं। अगर हम इसे हमेशा ध्यान में रखें तो जीवन को सही अर्थ दे सकते हैं और दूसरे देशों तथा अन्य युगों के प्रति सही दृष्टिकोण अपना सकते हैं।

मेरी आध्यात्मिक जड़ें रामेश्वरम् द्वीप के बहुधार्मिक वातावरण से जुड़ी हैं। मेरा बचपन ऐसे स्थान पर बीता, जहाँ मसजिद की अजान, चर्च की घंटियों की आवाज और मंदिर का संगीत एक साथ सुनाई देते थे। तीनों साथ-साथ भी और अलग-अलग भी। मैं ऐसे द्वीप में रहा जिसमें सागर, चंद्रमा, समुद्री चिड़ियाँ, रेत, सीप, तीर्थयात्री, जहाज से सामान उतारनेवाले और नारियल के पेड़—सभी का आपस में गहरा संबंध था।

'*तवाहिद*' का विचार इसलाम के मुख्य नियमों में से एक है। '*तवाहिद*' की धारणा यह है कि नवीनता का नया स्तर कई स्रोतों के मिलन से अर्जित किया जाता है, न कि व्यक्ति विशेष के विशिष्ट योगदान से।[6] कुछ भी स्वयं के लिए नहीं बना है, चाहे वह ब्रह्मांड की कोई वस्तु हो, रेत का कण हो, कोई चिड़िया हो या कोई मानव। हर किसी के पीछे एक उद्देश्य है। हममें से हर कोई वास्तव में अपने आस-पास के वातावरण की परिस्थितियों से

निर्देशन प्राप्त करता है। एक वास्तविक रचनात्मक उपलब्धि कभी भी अचानक प्राप्त हुई अंतर्दृष्टि के कारण नहीं होती। उसके पीछे वर्षों का अथक परिश्रम होता है।

यह मार्गदर्शन वास्तव में हमारे जीवन को अर्थपूर्ण बनाता है। जैसा मैं हूँ, जैसी भाषा बोलता हूँ, वे नैतिक मूल्य—जो मुझे अच्छे लगते हैं; मेरी अभिव्यक्ति, मेरी वैज्ञानिक समझ, वह तकनीक—जिसपर मैंने काम किया, सब सृजन की एक लंबी प्रक्रिया का परिणाम हैं। जो मैंने सोचा या किया, उसके पीछे बहुत सारे व्यक्तियों की प्रतिभाओं का योगदान रहा।

जो कुछ मैंने अर्जित किया, जिसके लिए मुझे सराहा गया और पुरस्कृत किया गया, वह मुझे सीखने की प्रक्रिया से ही मिला। बिना उस सब ज्ञान और संसाधन के, जो मुझे उपलब्ध थे, मैं यह सोच भी नहीं सकता कि यह सब मैं सीख पाऊँगा। मैं अपना काम पूरी लगन से करता था, खाली समय की अपेक्षा मैं काम की व्यस्तता में अच्छा महसूस करता था। मेरे काम ने मुझे स्वयं से बड़ी एक संस्था का हिस्सा होने का सुखद अनुभव कराया; लेकिन क्या मैं अपने जीवन को अपने कार्य से परिभाषित कर सकता हूँ?

मेरे जीवन में कई निर्णायक मोड़ आए। ये मोड़ वर्षों की कठिनाइयों, शंका और भ्रम के बाद आए। ऐसा नहीं है कि हर बार मेरे परिश्रम को पुरस्कृत किया गया हो या हर बार परेशानी के बाद सफलता मिली ही हो। ऐसे कुछ ही अवसर हैं, जिनके लिए मैं जाना जाता हूँ—एस.एल.वी.-3, अग्नि, विजन 2020, पोखरण परीक्षण और शायद राष्ट्रपति बनना भी; लेकिन इन सबके पीछे सीखने का एक बहुत बड़ा इतिहास है, जिसमें छोटी-छोटी समस्याओं के टेढ़े-मेढ़े हल निकालना और बहुत सारी असफलताएँ भी हैं। यह समझ पाना संभव नहीं कि जब समस्याओं के हल सामने आते हैं, उस समय एक व्यक्ति के मस्तिष्क में क्या चल रहा होता है? मैं अपने अध्यापकों के प्रति कृतज्ञ हूँ, जिन्होंने मुझे यह धरातल उपलब्ध कराया, जिस पर खड़े होकर मैंने उन सब चीजों का सामना किया, जो मेरे मार्ग में आईं।

सितंबर 2005 में मैं सिक्किम की एंची मोनेस्टरी (बौद्ध भिक्षुओं के

मठ) में गया। बाद में 'सर ताशी नमगयल' सीनियर सेकंडरी स्कूल, गंगटोक के विद्यार्थियों से मिला और मोनेस्टरी के अध्यक्ष से शिक्षा पर विचार-विमर्श किया। मोनेस्टरी के अध्यक्ष ने बताया कि 'कलाम सूत्र' में शिक्षा और मानव जीवन के बारे में इस प्रकार उल्लेख किया गया है—

> *"मैं सत्य का पाठ पढ़ाऊँगा और वह मार्ग भी दिखलाऊँगा, जो सत्य की ओर ले जाता है। इस बात पर आपका संदेह करना उचित है¨। किसी रिपोर्ट को न मानें¨, किसी परंपरा को न मानें¨ और कही-सुनी बातों पर विश्वास न करें। मानव जीवन एक तेज बहाववाली पहाड़ी नदी की तरह है, जो दूर से आती है— सबकुछ अपने साथ लिये। ऐसा कोई क्षण नहीं, कोई समय नहीं, कोई पल नहीं जब वह रुकती हो; वह निरंतर बहती रहती है। किसी परिकल्पना पर विश्वास न करें, किंतु अनुभव पर करें।"*[7]

सितंबर 2006 में मैं डिंडिगुल के 'बेस्ची' कॉलेज में फादर लेडिस्लस चिन्नाथुरई से मिलने गया। इन्होंने मुझे तिरुचिरापल्ली के सेंट जोजफ कॉलेज में भौतिक विज्ञान का विषय पढ़ाया था। उन्होंने मुझे बताया कि जैसे कृषि में पौधों का विकास किया जाता है वैसे ही शिक्षा से व्यक्ति का विकास होता है। जन्म के समय हम बहुत कमजोर होते हैं। हमें ताकत की जरूरत होती है। हम नासमझ होते हैं। हमें निर्णय लेने की क्षमता की जरूरत होती है। जन्म के समय यह सब हमारे पास नहीं होता और हमें जीवन-यापन के लिए जो जरूरी होता है, वह सब शिक्षा से ही प्राप्त होता है।

यूनानी मान्यता के अनुसार, विद्या तीन प्रकार की होती है—

'ओएड' (Aoide; आवाज या गीत), 'मिलीट' (Melete; अभ्यास या अवसर) और 'मनीम' (Mneme; याददाश्त)। यूनानी लोग ऐसा मानते थे कि अच्छे जीवन का रहस्य विद्या में ही छिपा है और विद्या ही समृद्धि और बंधुत्व लाती है।

"हे विद्या की देवी! अपराध किस कारण से होते हैं? क्या घृणा पैदा करने से देवी नाराज होती है?"

इमाम अबू हमीद अल गज्जली (1058-1111) ने लिखा है कि मनुष्य द्वारा किए गए प्रयासों से ही हम यह तय कर सकते हैं कि उसके जीवन का क्या महत्त्व है—*"मनुष्य कई प्रकार के होते हैं—एक वे, जो अपने आप ही सबकुछ समझ लेते हैं। दूसरी तरह के लोग चेतावनी और निर्देश के बिना समझ पाते। तीसरे वे, जिनपर इन दोनों का भी असर नहीं पड़ता। यह विभाजन पृथ्वी के हृदय को कई हिस्सों में विभाजित करने जैसा होगा। एक ऐसा भाग, जहाँ पानी जमा होता रहता है और इतना बढ़ जाता है कि झरना बनकर जीवनदायी जल के रूप में फूट पड़ता है। दूसरा ऐसा, जहाँ पानी जमा होता रहता है, किंतु गड्ढा खोदे बिना नहीं निकाला जा सकता। तीसरा हिस्सा ऐसा होता है, जहाँ खोदने पर भी पानी नहीं निकाला जा सकता है।"*

इस प्रकार प्रतिभा और प्रयास से जीवन-स्तर का निर्धारण होता है। उस प्रतिभा का स्रोत और उसकी उत्पत्ति, जो प्रयास करने की प्रेरणा देती है, अभी भी यूरोपीय महाद्वीप में पुनर्जागरण (Renaissance) के दौरान ही यह विचार सामने आया कि 'रचनात्मकता' वैचारिक समझ और अभिव्यक्ति की आजादी की व्याख्या कर सकती है। स्पेनिश लेखक बल्तसर ग्रेसिन (1601-1658) ने कला को प्रकृति के अधूरेपन को पूरा करनेवाला बताया है। अठारहवीं शताब्दी तक रचनात्मकता का विचार कल्पना के विचार से जोड़ा जाने लगा, जिसमें मानस-पटल पर तसवीरों और विचारों के बनने की प्रक्रिया भी शामिल है। उन्नीसवीं शताब्दी में केवल कला ही रचनात्मकता मानी जाती थी। बीसवीं शताब्दी के अंत में रचनात्मकता एक विशेष प्रकार की कला के विचारों के विज्ञान के नाम से जानी जाने लगी।

हंगरी में जनमे ब्रिटिश मूल के लेखक ऑर्थर कोस्टलर (1905-1983) ने रचनात्मक व्यक्तियों को तीन श्रेणियों में संगठित किया—कलाकार, साधु व विदूषक। उन्होंने यह सुझाया कि ये तीनों एक रचनात्मक प्रक्रिया

के जरूरी अंग हैं। इन्होंने बाइसोसिएशन (Bisociation) का विचार पहली बार दुनिया के सामने रखा कि रचनात्मकता समझ की दो बिलकुल अलग-अलग परिकल्पनाओं के मिलन के कारण होती है।[10]

जेनप्लोर का एक दशक पुराना रचनात्मकता[11] का विचार यह बताता है कि यह एक प्रजनन प्रक्रिया है। जब व्यक्ति खोज से पहले नई रचनात्मकता के वैचारिक ढाँचे को मानस-पटल पर प्रतिबिंबित करता है। दूसरी अवस्था खोज करने की होती है, जिसमें इस ढाँचे का रचनात्मक विचार प्रकट करने के लिए उपयोग किया जाता है।

कंप्यूटर के इस युग में रचनात्मकता को विकास के क्रम की एक कड़ी की तरह देखा जाता है। अकसर रचनात्मकता की तकनीक उद्देश्य और समस्या के बीच संबंध बनाती है। वर्तमान अवस्था, जो समस्या का अधूरा हल हो सकती है, वह उत्प्रेरकों को बिना किसी आधार पर चुनने में मदद कर सकती है, जिससे रचनात्मक हल निकल सकता है। तीन सबसे अच्छी व जानी-मानी तकनीकें हैं—लोगों के साथ समस्या पर विचार कर नए हल खोजना, नए आविष्कार करके हल निकालना तथा कई विषयों पर एक साथ सोचने की तकनीक। रचनात्मकता को एक रहस्मयी दैविक प्रक्रिया की जगह दोहराव या पुनरावृत्ति की क्रिया का विचार मानना क्रमिक विकास के साथ-साथ क्रांतिकारी भी है।

पिछले पाँच हजार वर्षों में विकास की दिशा में क्या क्रांतिकारी परिवर्तन हुआ है? वर्तमान समय में ऐसा क्या है, जो पहले नहीं था? मेरी समझ में यह है—ज्ञान। आजकल यह सबसे ताकतवर है, जो मानव समाज को अस्तित्व के एक नए आयाम की ओर ले जा रहा है। इंटरनेट पर निर्भर इस समाज को अनगिनत नए अवसर उपलब्ध हैं। इनमें शामिल हैं रोजगार के नए अवसर, अधिक संतोषजनक रोजगार, शिक्षण और प्रशिक्षण के नए तरीके, जन-सुविधाओं तक सहज पहुँच तथा उन लोगों व क्षेत्रों को समाज की मुख्यधारा में शामिल करना, जो किसी भी अभाव में जी रहे हों। इससे भी अधिक, वर्तमान समय में हमारी सोच भी बदल रही है। वास्तव में यह

बहुत क्रांतिकारी है, लेकिन यह क्रांति क्या कर रही है?

भारतीय इतिहास में पहली बार ऐसा हुआ है कि चार पीढ़ियाँ कंधे-से-कंधा मिलाकर काम कर रही हैं। हर पीढ़ी को यह समझना चाहिए, जिससे उम्र का अंतर एक कमजोरी बनने के बजाय हमारी शक्ति बने। मैं अपनी पीढ़ी से शुरुआत करता हूँ, जो आजादी से पहले जनमी थी। मैं इसे 'स्थिर पीढ़ी' (Quiet Generation) कहना चाहूँगा। बचपन में हमें जाँचे-परखे तरीकों पर विश्वास करना सिखाया गया था। दशकों तक आदेश व नियंत्रणवाले प्रबंधन में कार्य करते हुए हमने लगन, कर्तव्यनिष्ठा तथा परिश्रम से कार्य करने में विश्वास किया। अन्य पीढ़ियों की अपेक्षा हमने बदलाव को मूलभूत स्तर पर आते देखा है। इस कारण हम न टल सकनेवाले बदलाव के लिए भी संशय में रहते हैं। अमूल्य ज्ञान का भंडार होने के साथ-साथ हमारे पास अनुभव एवं समझदारी है, जो नई पीढ़ी हमसे ले सकती है। अगर आप इस 'स्थिर पीढ़ी' के सदस्य हैं तो शायद यह पहचान पाएँ कि नई-से-नई तकनीक व नवीनतम विचारों की मदद से आप अपने कार्य में शीर्ष स्तर पर अपनी जगह बनाए रख सकते हैं।

ऐसे वृद्ध व्यक्ति की छवि में सीमित किए जाने से बचें, जिसमें आपको जिद्दी करार दे दिया जाता है, क्योंकि आप बदलाव को नकारते हैं। अगर आप अपने तकनीकी कौशल पर ज्यादा विश्वास नहीं करते तो ऐसे साथी और सहभागी चुनें, जिनके साथ दोतरफा प्रशिक्षण संभव हो। आपको उनसे तकनीकी ज्ञान चाहिए और उन्हें आपसे सुनने, झगड़ा सुलझाने तथा समस्याओं का हल निकालने का कौशल सीखना है।

आजकल जो लोग कार्यरत हैं, उनमें से एक तिहाई लोग स्वतंत्र भारत में जनमे हैं, जिन्हें हम 'आदर्शवादी' (Idealist) कह सकते हैं। इन लोगों ने अपने कर्तव्य निभाते हुए नौकरी के पुराने नियमों के अनुसार एक के बाद एक पदोन्नतियाँ प्राप्त कीं। अब वे अपने को नए नियमों के अनुसार कार्य करते हुए पाते हैं। नई पीढ़ी से वे सीख रहे हैं कि कार्य एवं जीवन के बीच संतुलन बनाए रखना और अपने परिवार के प्रति वफादार होने का मतलब

स्वार्थी होना नहीं है, बल्कि अपने और दूसरों के प्रति जिम्मेदारी की अच्छी धारणा रखना है। नई पीढ़ी के सहकर्मियों को अच्छे बोनस और कार्य करने के अवसर मिलते देख आदर्शवादी पीढ़ी के लोग भी खुली मानसिकता अपना रहे हैं और साथ ही जिस आदर और सम्मान के वे अधिकारी हैं, उसकी माँग भी कर रहे हैं।

अगर आप आदर्शवादी हैं, आपके पास अभी कई वर्ष शेष हैं, जिसमें आप कार्य कर सकते हैं, तो जो प्रशिक्षण, सहायता और संसाधन आपको शीर्ष पर बने रहने के लिए चाहिए, उनके लिए प्रयास करते रहिए। जो योगदान आपने किए हैं, उनका लाभ उठाते हुए आपको अपने लिए अच्छे विकल्पों की व्यवस्था करनी होगी। स्थिर पीढ़ी के लोगों के साथ मिलकर नई पीढ़ी को प्रशिक्षण देना चाहिए। अगर आप अधिकारी स्तर पर कार्य कर रहे हैं तो विश्वसनीयता और आदर पाने के लिए अपनी टीम के कनिष्ठ साथियों की नेतृत्व-क्षमता को पहचानें और उसे बढ़ावा दें।

हरित क्रांति और सन् 1960 के दशक के अंत में जनमे लोगों ने पहली बार यह जाना कि नौकरी की सुरक्षा एक कल्पना ही रह गई है। कार्य करने की खुली सोच ने उनकी गिनती वफादारों में कराई। उन्होंने 'स्थिर पीढ़ी' और 'आदर्शवादी पीढ़ी' के लोगों को पीछे छोड़ दिया, जो इस नई पीढ़ी को अक्खड़, निष्ठाहीन और अपने फर्ज को नहीं निभा सकनेवाला समझते थे। हम इस पीढ़ी को 'महत्त्वाकांक्षी' (Pushers) कहें तो ठीक रहेगा। पिछले दशक में यही पीढ़ी सूचना व तकनीक के क्षेत्र में क्रांति लाई और अपनी उपयोगिता को प्रमाणित किया। ये रचनात्मक लोग हैं जो कार्य को कम समय में अच्छी तरह, सुरक्षित व बेहतर तरीके से करने में मदद करते हैं। ये कार्यक्षेत्र में ऐसे बदलाव लाए, जो हर पीढ़ी पसंद कर सकती है।

महत्त्वाकांक्षी लोग पारदर्शिता चाहते हैं। उनके दबाव में कार्य के अनुसार वेतन का निर्धारण बहुत सी संस्थाओं में एक वास्तविकता बन गया। अगर आप महत्त्वाकांक्षी पीढ़ी के सदस्य हैं तो आप अपने को जल्द ही ऐसा पाएँगे, जहाँ जिम्मेदारी और नेतृत्व-क्षमता की जरूरत हो। आप स्वयं के लिए

जैसी व्यवस्था चाहते थे वैसी अब दूसरों पर लागू भी कर सकते हैं। अत: सीखकर व अभ्यास के द्वारा प्रशिक्षण देनेवाले एक प्रबंधक के रूप में कुशलता प्राप्त करें।

अगर प्रबंधन आपका कार्यक्षेत्र नहीं है और आप ऐसा उपयोगी कौशल प्राप्त करना चाहते हैं, जो भविष्य में आपके काम आ सके, तो नित्य कुछ ऐसा करें जो महत्त्वपूर्ण हो और कोशिश करें कि जिस संस्था में आप कार्य करते हैं, वहाँ सीखने के अवसर उपलब्ध हों। अपने प्रबंधक को यह भी बताएँ कि आप नई जिम्मेदारियों के लिए तैयार हैं। पुराने जमाने के प्रबंधक यह समझते हैं कि अधिक जिम्मेदारी देना एक सजा के समान होती है, जैसा कि उनके समय में हुआ करता था। यह तो अपनी उपयोगिता प्रमाणित करने का और सीखने के क्रम को जारी रखने का एक अवसर है।

वर्तमान में कार्यरत करीब एक चौथाई लोग 'वैश्विक' दृष्टिकोण रखते हैं। 'आदर्शवादी पीढ़ी' के लोगों की अगली पीढ़ी यह समझती है कि शिक्षा सफलता के लिए जरूरी है। तकनीक सर्वव्यापी है, विविधता को बदल नहीं सकते तथा समाज के प्रति जिम्मेदारी निभाना व्यवसाय के लिए भी जरूरी है। ये 'वैश्विक' इसलिए हैं, क्योंकि उनकी रोजगार की संभावनाएँ देश के बाहर तक फैली हैं, विशेषकर संयुक्त राज्य अमेरिका और पश्चिमी एशिया तक। यह पीढ़ी नई चुनौतियों व नए अवसरों का अपने उत्साह से मुकाबला करती है। हालाँकि वैश्विक पीढ़ी को अधिक वेतन मिलता है, उसमें इतिहास के सबसे उत्पादक कार्यबल होने की संभावनाएँ हैं। प्रबंधकों को इस 'वैश्विक पीढ़ी' की क्षमताओं को समझना चाहिए और इन्हें नई सीमाओं को खोजने में मदद करनी चाहिए।

अगर आप 'वैश्विक पीढ़ी' के हैं तो आपको ऐसे प्रशिक्षक खोजने होंगे, जो अनुभवी मार्गदर्शकों की तरह आपको बता सकें कि आपकी जीविका के क्षेत्र में और आपके जीवन में वह क्या चीज है, जो आपको सफलता दिलाएगी। उपयोगी सवाल पूछना सीखें और उन्हें सुनें, जो उस पथ पर चल चुके हैं, जिस पर आप चलना चाहते हैं और उस क्षेत्र में शीर्ष पर

पहुँचना चाहते हैं। ऐसी बातें सीखें, जो आपके जीवन को प्रभावित करती हैं, उन्हें कंठस्थ करें और जिन्होंने आपको प्रशिक्षण दिया है, उन पर गर्व महसूस करें एवं कराएँ।

यह समझना चाहिए कि इक्कीसवीं शताब्दी के कार्यस्थल में किसी भी एक पीढ़ी की आकांक्षा और जरूरतों का एकाधिकार नहीं हो सकता। हर किसी को ज्ञान और तकनीक का प्रयोग करके अपने कार्य में लचीलापन लाना होगा और प्रत्येक दिन महान् कार्य करना होगा। सबसे अच्छा है कि अपने आपको स्वतंत्र बनाएँ, जो अपने जीवन, जीविका, परिवार और योगदान के लिए जिम्मेदार हो। जहाँ आप कार्य करते हैं, उस संगठन को भी आपके योगदान को पहचानना चाहिए और पुरस्कार भी देना चाहिए।

ये सब बातें मिलकर सभी के लिए एक परिस्थिति या धरातल उपलब्ध कराती हैं। शैक्षिक स्तर तेजी से ऊपर उठ रहा है। तकनीकी खोज और उनके प्रयोगों को अपनाने में भी तेजी आ रही है। सस्ती और तीव्र संचार प्रणाली देश-विदेश में भौतिक व सामाजिक सीमाओं को छोटी करती जा रही है। पहले की अपेक्षा सूचना अधिक मात्रा और अच्छी गुणवत्ता में उपलब्ध है। वैश्वीकरण नए बाजार उपलब्ध करा रहा है। ऐसी परिस्थिति में हर किसी को आगे बढ़ना ही होगा, हर बीज को अंकुरित होना ही होगा।

"तेज हवा है, आसमान में बिजली कड़क रही है और मिट्टी सफेद-सी दिख रही है।
चिड़ियाएँ पानी में नहा रही हैं।
निश्चय ही कल बीज क्यारियों में पहुँचेंगे।
कोई भी
अनाज (बीज) और मिट्टी के मिलन को न रोके।"[12]

वर्तमान में भारतीय गणतंत्र विकासशील देशों की श्रेणी में है, लेकिन हमारी सभ्यता विश्व की सबसे पुरानी जीवित सभ्यताओं में से एक है। हमारा इतिहास बहुत विस्तृत और उल्लेखनीय रहा है। चीनी लेखक जिन चुतांग

(1895–1976) ने लिखा—

''कवियों, जंगलों में रहनेवाले साधु-संतों और यहाँ की जमीन के सर्वोत्तम लोगों की समझ से संपर्क के द्वारा भारत के जागरण व बोध की झलक मिलती है, जिसने कभी-कभी बचपने व भोलेपन से—अकसर गहरे अंतर्बोध से— परंतु हमेशा ही गंभीरता व अनुराग से आध्यात्मिक सत्य एवं अस्तित्व के अर्थ की खोज की है। यह अनुभव किसी को भी रोमांचित कर देनेवाला है, क्योंकि भारतीय संस्कृति बहुत भिन्न है और इसके पास सबके लिए बहुत कुछ है।''[13]

यह कहना कि सन् 1947 से भारत ने आधुनिक राष्ट्र का निर्माण शुरू कर दिया था, केवल राजनीतिक नेतृत्व के स्वाभिमान की पुष्टि करना होगा। वास्तविकता यह है कि भारतीय जनता ने उन समृद्ध सांस्कृतिक तथा आध्यात्मिक मूल्यों को पुनः खोज, इससे बहुत पहले ही शुरू कर दी। महात्मा गांधी (1869–1948) इस प्रक्रिया के जीवंत उदाहरण थे। वे राजनेता, जिन्होंने भारत और पाकिस्तान के स्वतंत्र राष्ट्रों का नेतृत्व सँभाला, इसी प्रक्रिया से गुजरे थे।

ग्रामीण क्षेत्र में रहनेवाले स्कॉटलैंड व अमेरिकी मूल के कवि रॉबर्ट फ्रोस्ट (1874–1963) के शब्दों में कहें तो आजादी के साठ वर्षों के बाद भी भारत एक दोराहे पर खड़ा है—हम या तो विकास को एक साधारण सी बात मानें या देश को एक उत्तम परिदृश्य की ओर ले जाएँ। इस दूसरे विकल्प के लिए हमें उन नीतियों पर कार्य करना होगा, जो हमें वर्तमान परिदृश्य से विकसित परिदृश्य तक पहुँचाएँ और साथ-ही-साथ विकास को एक साधारण बात मानने के खतरे से भी बचाएँ।

सूचना और संचार तकनीक में तीव्रता से हुए विकास ने हमारे कार्य करने के तरीके और जीवन-शैली में अत्यधिक बदलाव किए हैं, विशेषकर शहरी इलाकों में। सूचना और संचार तकनीक की कम लागत और विस्तृत

प्रसार ने इसे एक आम उपयोग की वस्तु बनाकर संगठनात्मक, व्यावसायिक, सामाजिक तथा कानूनी परिवर्तन किए हैं। सबसे अधिक मूल्यवान् है मानवीय व सामाजिक संपत्ति में निवेश, जो भौतिक रूप में दिखाई नहीं देता। मुख्य कारक ज्ञान और रचनात्मकता ही है।[14] मैं गाँवों को सबसे जोड़ने की सोचता हूँ। आधे से ज्यादा भारतीय गाँव में ही बसते हैं। भौतिक और जानकारी की प्रगति से जुड़ने की इच्छा रखनेवाली एक बड़ी जनसंख्या गाँवों में है और इनसे वंचित है।

सर्वश्रेष्ठ परिदृश्य सिर्फ आर्थिक आधार पर नहीं बनाया जा सकता। इसमें सभी क्षेत्र के लोगों और आम आदमी की आकांक्षाओं को शामिल करना होगा। भारत का विकास शीघ्रता से और विकसित देशों की नकल करके नहीं किया जा सकता। नकल करने के बजाय समझदारी इस बात में होगी कि हम उन अनुभवों और आविष्कारों का पता लगाएँ, जिन्होंने अन्य देशों में ऐसी जरूरतों का समाधान किया है। एक समृद्ध सांस्कृतिक विरासत और हजारों साल पुरानी सभ्यतावाले भारत देश को किसी अन्य देश की तरह बनने के बारे में नहीं सोचना चाहिए। विजन 2020 को प्राप्त करना ही काफी नहीं है—यह जरूरी है इक्कीसवीं शताब्दी में वैश्विक हो चली इस मिट्टी रूपी परिस्थिति में इस देश की बीज रूपी आत्मा को बोया जाए और समृद्ध बनाया जाए।

क्या जरूरी है और क्या उपयोगी है, वास्तविकता इनके बीच के अंतर को स्पष्ट करती है। केवल विचारों से कुछ नहीं होगा, जब तक कि चयन की प्रक्रिया में बदलाव नहीं आएगा। आपको बहुत से नए विचार आते होंगे, लेकिन कौन जानता है कि इनमें से कौन से विचार अच्छे हैं और कौन से बुरे। एक व्यक्ति को इतने अधिक विचार आ सकते हैं कि उनपर वह कभी अमल भी नहीं कर सकता। ऐसे में बहुत से लोग मुख्यधारा से अलग हो जाते हैं, जिनके विचार अमल में नहीं लाए जा सकते। उन लोगों की आकांक्षाओं को आपकी समझ में जगह नहीं मिल पा रही है। रोम के सम्राट् 'मार्कस ओरेलियस' (121-180) ने लिखा था—

"सभी चीजें आपस में जुड़ी हुई हैं और जोड़नेवाला सूत्र बहुत पवित्र है। ऐसा बहुत कम होता है कि एक वस्तु के लिए दूसरी वस्तु बाहरी हो और उनको जोड़नेवाला कुछ भी न हो। ऐसा इसलिए, क्योंकि उनको अपने-अपने स्थान पर इस तरह से व्यवस्थित किया गया है कि सब आपस में मिलकर एक सुव्यवस्थित ब्रह्मांड बनाते हैं; क्योंकि सबकुछ मिलाकर एक ही ब्रह्मांड है, एक ही ईश्वर है, एक ही तत्त्व है और एक ही नियम है। बुद्धिमान् जीवों के लिए एक ही कारण है और एक ही सत्य है। अगर हम बार-बार विश्व के तत्त्वों के बीच के संबंधों को देखें तो हमें ऐसा नहीं कहना चाहिए कि 'मैं एक एथेंसवासी हूँ' या 'मैं एक रोमवासी हूँ'। लेकिन कहना यह चाहिए कि 'मैं इस ब्रह्मांड का एक नागरिक हूँ'।"

मस्तिष्क के ओज और तेजस्वी होने का प्रमाण यह है कि जिस विषय पर इसे प्रयोग किया जाता है, उसपर यह क्या प्रभाव छोड़ता है? नागरिकों की अज्ञानता एक जनतांत्रिक देश को मजबूत नहीं बना सकती। वास्तव में जनतांत्रिक समाज के लिए शिक्षा अधिक जरूरी है। सभ्यताएँ एक फैले हुए जाल की तरह होती हैं, ये मूर्तियाँ नहीं होतीं बल्कि व्यक्तिगत विद्वता की महान् रचनाएँ होती हैं।

बहुत से नौजवानों ने शिक्षा व रोजगार के क्षेत्र में सामाजिक व आर्थिक वास्तविकताओं पर आधारित आरक्षण के विषय में मुझसे संपर्क किया। समाज का एक हिस्सा होते हुए हमें ऐसे विचारों में भेद करना चाहिए, जो व्यक्तिगत संतुष्टि के लिए होते हैं और एक बड़ी सामाजिक स्वीकृति के लिए।

भारतीय नौजवान वास्तव में शिक्षण की गुणवत्ता एवं रोजगार दो समस्याओं का सामना कर रहे हैं। एक बड़ी जनसंख्या, इंजीनियरिंग, मेडिकल तथा विज्ञान की विशिष्ट शाखाओं के उच्च शिक्षण संस्थानों में

प्रवेश पाने की आकांक्षा रखती है। यहाँ कड़ी प्रतिस्पर्धा में सफल होने के बाद ही प्रवेश हो पाता है। पिछड़ी जातियों से आनेवाले छात्र अपने को ऐसी परिस्थिति में अपंग-सा महसूस करते हैं और शिकायत करते हैं कि प्रतिस्पर्धा के लिए समान अवसर उपलब्ध नहीं हैं। हमें जल्द-से-जल्द यह सुनिश्चित करना होगा कि बहुत से विद्यार्थियों को इसमें अधिक-से-अधिक अवसर मिलें। इस प्रकार की शिक्षा देना संभव हो, यह एक प्राथमिकता है, जो सरकार के साथ जनता की भागीदारी से प्राप्त की जा सकती है।

मैं इस वैश्विक मानव संसाधन प्रणाली में कार्य कर रहा हूँ। इक्कीसवीं शताब्दी में भारत को बहुत से प्रतिभाशाली नौजवानों की जरूरत है, जिससे ज्ञान अर्जित किया जा सके, ज्ञान प्रदान किया जा सके, ज्ञान पैदा किया जा सके और दूसरों को बाँटा जा सके। देश के अंदर-बाहर की भविष्य की जरूरतों को ध्यान में रखकर विश्वविद्यालयों को युवक व युवतियों के कुशल और योग्य, विशेष दल बनाने चाहिए।

मिट्टी—सीखने और आगे बढ़ने के विभिन्न अवसर और **अनाज या बीज**—मानव मस्तिष्क की क्षमता के बीच पारस्परिक संवाद आज के विश्व का वास्तविक सारांश है। अगर हम एक देश की विलक्षण क्षमता को उभार सकते हैं तो हमें जिंदगी के हर क्षेत्र में साधारण और असाधारण के बीच संपर्क सूत्र भी खोजने चाहिए। अल्जीरियाई और फ्रांस के लेखक अल्बर्ट कामू ने लिखा है—मेरे आगे मत चलो शायद मैं पीछे न चल पाऊँ, मेरे पीछे मत चलो शायद मैं नेतृत्व न कर पाऊँ बस मेरे साथ चलो और मेरे मित्र बनकर रहो।[17]

□

2

बचपन की वाटिका

एक देश तब महान् कहलाता है जब देश के सभी लोग महान् होते हैं, न कि थोड़े से लोग। मैं ऐसा स्वप्न देख रहा हूँ कि अपने समाज के निम्न वर्ग के लोगों के जीवन–स्तर में सुधार के लिए तकनीक की ताकत व औद्योगिक समृद्धि का उपयोग किया जा रहा है।"

यदि हम जीवन को एक यात्रा मानें तो इसे एक दौड़ की तरह नहीं देख सकते। एक यात्रा में हर कदम पर एक नया अनुभव होता है। इसका अर्थ क्या है ? जैसे-जैसे व्यक्ति अपनी परिस्थिति में आगे बढ़ता है, हर स्तर पर उसका विकास होता है। हालाँकि उसे हर स्तर पर प्रतिस्पर्धा का सामना करना पड़ता है। उसके प्रतियोगी भिन्न–भिन्न पृष्ठभूमि से संबंध रखते हैं, जो उनकी सफलता की संभावना बढ़ा देते हैं। प्रतिस्पर्धा का मैदान भी एक समान नहीं होता। संतों ने हमें इसके प्रति चेतावनी दे रखी है कि अगर हम अपनी तुलना दूसरों से करेंगे तो यह स्वयं को कम करके आँकने जैसा होगा।

हालाँकि तुलना करना और दो वस्तुओं या विचारों के बीच अंतर निकालना एक अच्छा कौशल है, जो मनुष्यों में ही पाया जाता है; किंतु समस्या तब होती है जब हम एक दृष्टिकोण से एक वस्तु या विचार की तुलना करने लगते हैं। अगर आप अपने को दूसरों से बेहतर समझते हैं तो आप स्वयं पर गर्व करने लगते है अगर आप अपने को दूसरों से कम आँकते हैं तो अपने आत्मसम्मान को ठेस पहुँचाते हैं। जब आप किसी कार्य में जुटे हों तो अपने को उसमें ऐसे डुबो लें जैसे कि अलाव के लिए प्रयोग की गई लकड़ी पूरी तरह जल जाती है और अपना कोई निशान नहीं छोड़ती।[19] ऐसा इसलिए, क्योंकि हम सब एक जैसे नहीं हैं। हर व्यक्ति में कुछ विशेष बात है। प्रकृति ने जो भी बनाया है वह उपयोगी है। प्रकृति भेदभाव नहीं करती। बेहतर होना या न होना मानव दृष्टिकोण की परिधि के बाहर अर्थहीन है।

बुद्धिमानों ने हमें नकल के प्रति सावधान किया है। सोच-विचार (चिंतन), अनुभव तथा नकल—ज्ञान हासिल करने के इन तीनों तरीकों में से कन्फ्यूशियस (551-479 ईसा पूर्व) ने सोच-विचार के तरीके को सर्वोत्तम बताया था, नकल को सबसे आसान व अनुभव को सबसे कठिन बताया था। दूसरे लोगों को देखकर या नकल करके अपने उद्देश्य तय न करें। रॉल्फ वॉल्डी एमरसन (1803-1882) ने कहा था--

> *"एक व्यक्ति के जीवन में ऐसा समय जरूर आता है, जब वह यह पूरी तरह मान लेता है कि ईर्ष्या करना अज्ञानता है, नकल करना आत्मघाती होता है और जो कुछ वह कर रहा है वह अच्छा या बुरा, सिर्फ उसके अपने लिए है।"*

यह केवल आप ही जानते हैं कि आपके लिए क्या अच्छा है। जो कुछ भी आपको प्रिय है, उसे निश्चित रूप से सही मानकर न बैठें। उनसे निष्ठापूर्वक जुड़े रहें, क्योंकि उनके बिना आपका जीवन अर्थहीन हो जाएगा।

हमारे संतों ने प्रयास की निरंतरता पर जोर दिया है।

"जब मैं वापस आया तो देखा कि सब जगह प्राथमिकता कार्य को

तीव्रता से करने की नहीं, ताकतवर बनने की नहीं, न समझदारी से खाने-कमाने की और न ही कुशलता सीखने की है; लेकिन समय और सफलता की संभावनाएँ सभी के साथ जुड़ी हुई हैं और यही निर्णायक होती हैं।''[20] सफलता की राह में बहुत सी ऐसी चीजें आती हैं, जो आपको भ्रमित करना चाहेंगी। जब तक आपके पास देने को कुछ भी बाकी है तब तक रुकें नहीं। जब तक आप प्रयास करना रोक नहीं देते, कुछ भी समाप्त नहीं होता। एक बहुत ही कमजोर सी डोर है, जो हम सबको एक-दूसरे से बाँधे हुए है।

विद्वानों ने कहा है कि सब कामों में साहस की जरूरत है। खतरों का सामना करने से न डरें। खतरों का सामना करने से ही हम निडर होना सीखते हैं। मॉर्क ट्वेन (1838-1910) ने लिखा है—''साहस का अर्थ डर से बचना नहीं है। साहस का अर्थ डर की भावना को रोकना और डर का सामना करने में निपुणता प्राप्त करना है।'' अमेरिकी समाज-सेवी क्लेर बूथ लूस (1903-1987) ने साहस को एक ऐसी सीढ़ी माना, जिस पर सारी अच्छाइयाँ आधारित हैं। पहली महिला विमान-चालक एमिला इअरहर्ट (1897-1937) ने साहस को वह कीमत माना, जो जीवन में शांति बनाए रखने के लिए देनी पड़ती है।

मुझे एक बार की घटना याद आती है। 8 जून, 2006 को मैं पुणे के पास स्थित लोहेगाँव हवाई अड्डे से विंग कमांडर अजय राठौर के साथ सुखोई-3 एम. के. आई. लड़ाकू विमान उड़ा रहा था। जब मैं विमान से उतरा तो किसी ने कहा, ''आप बहुत साहसी राष्ट्रपति हैं। आप 75 वर्ष के हैं, क्या आपको डर नहीं लगा?'' मैंने कहा, ''मेरे पास डरने का समय नहीं था, क्योंकि मैं निरंतर वायुयान उड़ाने में, उसे नियंत्रित करने में लगा रहा।'' जिस कार्य को आप पसंद करते हैं, उसमें साहस की जरूरत नहीं होती। अच्छी शिक्षा हमें यही सिखाती है।

इन सबसे जरूरी यह है कि हमें अपने सपनों व अपनी अभिलाषा को कभी नजरअंदाज नहीं करना चाहिए। सपनों के न होने का अर्थ है—आशा

का न होना और आशा नहीं है तो आपके पास जीवन का कोई उद्देश्य भी नहीं है। आयरलैंड के सुप्रसिद्ध लेखक जॉर्ज बर्नार्ड शॉ (1856-1930) ने लिखा है—"आप जब कोई चीज देखते हैं तो सोचते हैं तो कि ऐसा क्यों होता है? लेकिन मैं जो सपने में भी देखता हूँ, तो कहता हूँ कि ऐसा क्यों नहीं हो सकता!" आयरलैंड के 'नोबेल पुरस्कार' विजेता कवि विलियम बटलर यीट्स (1865-1939) ने लिखा है—"*सपनों से ही जिम्मेदारी की शुरुआत होती है*।"[21] सपने ही विचारों में परिवर्तित होते हैं और फिर विचार कार्यों में।

विशिष्ट व्यक्तियों के बचपन से बुढ़ापे तक के जीवन के बारे में जानने व समझने को मैं बहुत उपयोगी मानता हूँ। मेरा विश्वास है कि हर व्यक्ति के जीवन में सफल होने की संभावना होती है और उसे अवसर भी मिलते हैं। सफलता इस बात पर निर्भर करती है कि आप जीवन को किस प्रकार देखते हैं। जैसे-जैसे मैं लोगों की जीवनियाँ पढ़ता जाता हूँ, मुझे सफल होने के नए-नए तरीके मिलते जाते हैं। पहले अध्याय में भिन्न प्रकार की सामाजिक व आर्थिक परिस्थितियों को जाँचने-परखने के बाद, जहाँ अवसर व संसाधनों के लिए उत्साहपूर्वक मुकाबला किया जाता है, यह अध्याय कार्यकारी जीवन पर प्रकाश डालता है।

वास्तव में सबसे कठिन पढ़ाई और परीक्षा स्कूली पढ़ाई के दौरान न होकर उसके बाद के वर्षों में होती है। स्कूलों में पाठ पढ़ाकर परीक्षा ली जाती है। कार्यकारी जीवन में पहले आपको परीक्षा देनी पड़ती है, पाठ बाद में सीखा जाता है। सफल व्यक्तियों को देखकर कोई व्यक्ति ऐसे तरीके सोच सकता है, जो रोजमर्रा के कार्य से हटकर होते हैं। वह पैतृक और सामाजिक परिस्थिति के कारण बनी ऐसी स्थिति से अपने आपको बाहर निकाल सकता है, जो उसके अस्तित्व को अधिक प्रभावी बनने से रोकती है।

क्या यह एक सोचा-समझा व्यक्तिगत निर्णय होता है कि वह अपने जीवन के उद्देश्य को स्वयं चुने या बाहरी ताकतों पर छोड़ दे कि वे उसका

भाग्य निर्धारित करें? कुछ दिनों पहले मैंने बंबलबी के बारे में पढ़ा। पाठ्य-पुस्तकों में लिखे वायुगतिकी के सिद्धांतों के अनुसार बंबलबी में उड़ने की क्षमता नहीं होती, क्योंकि उसके पंखों के आकार या उनके फड़फड़ाने की गति का हिसाब, पंखों का आवश्यक दबाव ठीक से नहीं बन पाता। "बिना इस ज्ञान के कि वैज्ञानिक यह सिद्ध कर चुके हैं कि वह उड़ नहीं सकती, बंबलबी उड़ने में सफल हो जाती है।" दूरदर्शी प्रोफेसर कहते हैं कि किसी को इसपर आश्चर्य नहीं करना चाहिए, गणनाएँ वास्तविकता से अलग भी हो सकती हैं।

मुझे बंबलबी की यह बात समझने में कुछ देर लगी। वे गणनाएँ, जो यह बताती हैं कि बंबलबी क्यों नहीं उड़ सकती, वास्तव में एयरोफोइल के सरलीकृत रेखीय दोलन पर आधारित हैं। यह तरीका इस कल्पना पर कार्य करता है कि छोटे विस्तार पर दोलन-विच्छेद के फैलाव के बिना कार्य करता है। यह सक्रिय बाधा के प्रभाव को संज्ञान में नहीं लेता। सक्रिय बाधा वायु के बहाव का वह विच्छेद है, जो पंख के ऊपर बड़ा भँवर पैदा करता है। यह भँवर थोड़े समय के लिए साधारण उड़ान में कई बार एयरोफोइल में उठान पैदा करता है। जटिल वायुगतिकी विश्लेषण यह सिद्ध करता है कि बंबलबी उड़ सकती है, क्योंकि उसके पंख हर दोलन चक्र में सक्रिय बाधा उत्पन्न करते हैं।

यह विश्वासपूर्वक कहा जा सकता है कि सफल व्यक्तियों की सबसे स्वाभाविक उपलब्धि यह है कि उन्होंने अपने जीवन को स्वयं सँवारा और यह जानने योग्य है कि उन्होंने यह सब कैसे किया? ऐसा इसलिए, क्योंकि इन तरीकों का हम अपने जीवन में उपयोग कर सकते हैं, चाहे हम कोई रचनात्मक योगदान कर पाएँ या नहीं।

यह अध्याय मानवीय क्षमता के बारे में जाँच-पड़ताल करता है, जिससे इसे उसी तरह विकसित किया जा सके जैसे एक बीज से पौधा बनता है। आजकल धर्म, अध्यात्म और विज्ञान के बीच काफी संवाद हो रहा है।

मानव समाज विज्ञान, तकनीकी और कला में श्रेष्ठता अर्जित करने के साथ-साथ दया और परोपकार की भावना तथा दूसरों की समस्या को समझने में अपना योगदान करने को आतुर है।[22]

इस विश्व में ऐसा कुछ भी नहीं है, जो बिना किसी उद्देश्य के अपना अस्तित्व बनाए हुए हो।[23] उद्देश्य ही मानव जीवन का मुख्य विषय है। मनुष्य के अस्तित्व का उद्देश्य भोजन करना या इंद्रियों की इच्छापूर्ति मात्र नहीं है। पवित्र 'कुरान' के अनुसार—वे लोग आग में जलेंगे, जो मौज-मस्ती करते हैं या जानवरों की तरह खाना खाते हैं।[24]

मानव होने के नाते हमारे मस्तिष्क की संवेदनाएँ जीवन के अर्थ को एक सीमित दायरे में बँधा हुआ ही देख पाती हैं। जीवन के मायने अनंत हो सकते हैं और अपने लिए सही मायने जानने के लिए हमें बार-बार अपनी विवेचना करनी होगी।

बिना किसी विशेष कारण के नित्य हम कोई-न-कोई कहानी पढ़ते या सुनते-सुनाते हैं। सब जगह जीवन की घटनाओं को जोड़कर कहानी बनाने की प्रवृत्ति क्यों है? शायद ही कोई एक कहानी ऐसी होगी, जो एक जीवन को पूरी सत्यता से बताती है। यही हमारे महान् व्यक्तियों के जीवन पर भी लागू होता है। वास्तविकता से परे इन लोगों की जीवनियाँ हमारे समाज की मनोवैज्ञानिक जरूरतों को सामने रखती हैं। अगर कोई बहुत अच्छी उपलब्धि प्राप्त कर लेता है तो हम यह मान लेते हैं कि इस व्यक्ति में बचपन से ही महान् बनने के गुण दिखाई देते थे। चाहे वे महात्मा बुद्ध हों, ईसा मसीह हों या एडिसन, आइंस्टीन, रामानुजन, एम.एस. सुब्बालक्ष्मी—हम यह मानकर चलते हैं कि विलक्षण लोगों की विलक्षणता बचपन से ही दिखाई देने लगती है।

उदाहरण के लिए, आइंस्टीन अपने बचपन के बारे में एक कहानी सुनाते थे। यह कहानी थी उस 'जादू की चीज' की, जो उन्होंने चार-पाँच वर्ष की आयु में देखा था। यह थी चुंबकीय सूई। सूई के उत्तर दिशा की ओर

बार-बार घूम जाने ने बालक आइंस्टीन के अंदर उस अदृश्य बल के बारे में जिज्ञासा पैदा की, जो सूई के घुमाव का कारक था। इस घटना से बालक आइंस्टीन को यह विश्वास हो गया कि 'इस सबके पीछे कुछ छिपा है।' बालक होते हुए भी आइंस्टीन अपने विचारों में परिपूर्ण थे।

बचपन की प्रतिभा के आधार पर अधिकतर मामलों में यह बताना असंभव सा है कि वह आगे चलकर सृजनात्मक बनेगा कि नहीं। कुछ बच्चों में किसी-न-किसी क्षेत्र में विलक्षणता के लक्षण दिखाई देते हैं। एम.एस. सुब्बालक्ष्मी बचपन से ही एक अच्छी गायिका थीं। रामानुजन को संख्याओं से लगाव बचपन से ही था। बहुत से वैज्ञानिक स्कूल में कई कक्षाओं में फेल हुए और फिर भी अपने से बड़ों को अपने मस्तिष्क की दक्षता, कुशलता व तीव्रता से अचंभित किया। लेकिन ऐसे भी बहुत से बच्चे हैं, जिनकी बचपन की विलक्षणता धीरे-धीरे समाप्त हो गई और वे इतिहास में अपने नाम कुछ भी दर्ज नहीं करा पाए। भारत सरकार विज्ञान के क्षेत्र में प्रतिभा की खोज के लिए हर वर्ष विद्यालयों में परीक्षा कराती है, लेकिन इनमें से बहुत थोड़े छात्र ही वैज्ञानिक बन पाते हैं।

बच्चे प्रतिभा दिखा सकते हैं, किंतु वे कुछ नया नहीं खोज सकते; क्योंकि नई खोज का अर्थ है—काम करने और सोचने के तरीकों में बदलाव लाना। इसके लिए पहला कदम यह होगा कि काम करने व सोचने के पुराने तरीके में निपुणता प्राप्त की जाए। सुब्बालक्ष्मी ने बीस वर्ष की उम्र से पहले ही गायकी में अपनी जगह भले बना ली हो, लेकिन जब तक उनका गायन गंभीरता से नहीं लिया गया, तब तक वह लोगों की सुनने की आदतों में बदलाव नहीं ला पाईं। यह सब करने के लिए और भक्ति संगीत की एक नई पद्धति में महारत हासिल करने के लिए उन्हें एक दशक तक कड़ी मेहनत करनी पड़ी तथा विश्वसनीयता हासिल करने के लिए कई स्थानों पर अपनी कला का शानदार प्रदर्शन भी करना पड़ा।

सितंबर 2003 में मैं राजकोट के एल्फ्रेड हाई स्कूल में गया, जिसे अब

'महात्मा गांधी हाई स्कूल' कहते हैं। मैंने गांधीजी का रिपोर्ट कार्ड देखा, जो वहाँ उनकी अन्य व्यक्तिगत वस्तुओं के साथ प्रदर्शित किया गया था। भारत के इस महान् सपूत के रिपोर्ट कार्ड में कुछ भी चमत्कारक नहीं था। जिसने भारत के इतिहास की दिशा बदल दी उस व्यक्ति को कक्षा 8 में इतिहास में सिर्फ 100 में से 38 अंक मिले थे।

लेकिन जब महान् लोगों का बचपन उन लोगों से अलग नहीं था, जो बाद में भी कुछ नहीं कर पाए, तो ऐसा क्यों होता है कि वास्तविकता की कमी को पूरा करने के लिए लोग आकर्षक व्यक्तित्व या कहानियाँ बनाने लगते हैं? ऐसी कौन सी प्रक्रिया है जिससे ऐसी कहानियाँ बनती हैं? हम स्वयं के परिवार के छोटे बच्चों को अपने बीते हुए कल की घटनाओं की कहानी सुनाते समय उन्हें अधिक रोचक और संवेदनशील बनाने के लिए कुछ काल्पनिक नहीं जोड़ देते हैं क्या?

जब मैं स्कूलों में जाता हूँ तो बच्चे मेरे बचपन की उपलब्धियों के बारे में पूछते हैं। वास्तव में मेरा बचपन उल्लेखनीय नहीं था। एक द्वीप पर रहनेवाले किसी साधारण बालक के बचपन जैसा ही था। लेकिन बच्चे कहानी सुनना चाहते हैं। जो कुछ वास्तव में हुआ उसे बदले बिना, बहुत कल्पनाशील होकर मैं अपने अध्यापक शिव सुब्रह्मण्यम अय्यर के बारे में बताता हूँ और एयरोनॉटिकल इंजीनियरिंग (वायुयान अभियांत्रिकी) के अपने कार्य को उस घटना से जोड़ता हूँ, जब मेरे अध्यापक मुझे समुद्र के किनारे यह बताने के लिए ले गए थे कि पक्षी हवा में कैसे उड़ते हैं!

ऐसा नहीं है कि मैं जान-बूझकर इस छोटी सी घटना को महत्त्वपूर्ण बनाना चाहता हूँ; लेकिन जैसे-जैसे एक व्यक्ति एक कहानी को बार-बार सुनाता है, वह कहानी के उन हिस्सों पर ही जोर देता है, जो उसे महत्त्वपूर्ण लगते हैं। अनजाने में ऐसी कोशिश भी एक व्यक्ति करता है कि कहानी के जो अंश उसे मुख्य विचार के विरुद्ध लगते हैं, उन्हें वह कहानी से हटाना चाहता है। जो हम समझाना चाहते हैं, उसमें एक प्रवाह लाने के लिए ऐसा

करते हैं और सुननेवालों को भी कहानी अधिक रोचक लगने लगती है। हर बार जब मैं यह कहानी सुनाता हूँ, मेरे अध्यापक का मुझे समुद्र के किनारे ले जाना और मेरे लिए अधिक महत्त्वपूर्ण हो जाता है। पारंपरिक कथाएँ शायद इसी प्रक्रिया से बनती चली गई हैं। वास्तविकता को आकर्षक रूप में प्रस्तुत करने के लिए हमेशा एक कहानी हुआ करती है। वह सेब, जो न्यूटन पर गिरा, उसे गुरुत्वाकर्षण के सिद्धांत से ज्यादा प्रसिद्धि मिली। आर्कमिडीज का 'यूरेका-यूरेका' चिल्लाना विश्व की सभी भाषाओं में आसानी से समझा जाता है। सिर्फ कहानी बनाने के लिए एक बच्चे बेंजामिन फ्रेंकलिन (1706-1790) को एक पतंग के साथ चाभी बाँधनी थी और तूफान में उड़ानी थी, साथ ही इंतजार करना था कि बिजली कड़के और चाभी से टकराए। एक और महान् व्यक्ति के बारे में बात करें तो जेम्स वॉट (1736-1819) को ही केतली पर से ढक्कन को भाप के कारण ऊपर उठते हुए देखना था।

बहुत से लोग इस बात से नाराज हो जाएँगे, अगर मैं कहूँ कि बच्चे बचपन से महान् नहीं हो सकते। बच्चों द्वारा कोई महान् कार्य नहीं किया जा सकता। यह कहना कि वे लोग, जो बड़े होकर महान् बने, भी कभी बच्चे थे—कुछ सिद्ध नहीं करता। जो हम कर सकते हैं, वह यह है कि हम यह पता कर सकते हैं कि जिन लोगों ने बड़े होकर कुछ भी उल्लेखनीय या असाधारण कार्य किया, उन लोगों के शुरुआती दिनों में ऐसी क्या घटनाएँ घटीं, जिन्होंने उनके जीवन को सँवारा।

प्रतिष्ठित लोगों के बचपन पर जब हम नजर डालते हैं तो किसी निष्कर्ष पर पहुँचना मुश्किल होता है। आइंस्टीन लड़कपन तक एक साधारण व्यक्ति थे। यहाँ तक कि बड़े होने तक इंदिरा गांधी (1917-1984) को भी कम महत्त्व की ही आँका जाता था, लेकिन वास्तव में वे भारत की सबसे सशक्त प्रधानमंत्री बनीं। शरच्चंद्र चट्टोपाध्याय (1876-1938), मकबूल फिदा हुसैन (1915 में जनमे) तथा अमर्त्य सेन (1933 में जनमे) ने अपने

बचपन में ऐसा कुछ विशेष नहीं किया कि वे बड़े होकर कोई महान् कार्य करेंगे। हालाँकि पं. रविशंकर (1920 में जनमे) ने दस वर्ष की उम्र से पहले ही संगीत में अपनी प्रतिभा दिखानी शुरू कर दी थी। अल्ला रक्खा (ए.आर.) रहमान (1966 में जनमे) की प्रतिभा बीस वर्ष की उम्र के बाद ही सामने आई। शुरुआती वर्षों में उस क्षेत्र में, जिसमें उन्हें सफलता मिली, उनकी असाधारण योग्यता की सिर्फ झलक भर ही दिखाई दी।

अगर जीवन के बाद के वर्षों में सफलता के लिए बचपन से ही विलक्षण होना जरूरी नहीं है तो वह क्या है जो जरूरी है? मेरा मानना है कि बच्चे के माता-पिता और प्राइमरी कक्षाओं में उनके अध्यापक ही बच्चों की रुचि को पहचानने, उसे दिशा देने व उत्साह बढ़ाने के लिए जिम्मेदार होते हैं। बाद में मार्गदर्शक अपना कार्य कर सकते हैं। लेकिन वास्तव में वे क्या योगदान करते हैं? मैं अपने स्वयं के अनुभव यहाँ बताना चाहूँगा।

माता-पिता का मजबूत सहारा, विशेषकर गरीब और समाज की मुख्यधारा से अलग-थलग पड़े परिवारों के बच्चों के लिए, जरूरी हो जाता है। अगर अच्छे स्कूल और अच्छे मार्गदर्शक न हों तो माता-पिता के सहारे व दिशा-निर्देशन के बिना सफल होना असंभव ही होता है। मेरी शिक्षा की देखभाल के साथ-साथ फुरसत का समय बिताने के लिए मेरे माता-पिता द्वारा अपनाए गए सख्त तरीके ही मेरे आत्मविश्वास और दृढ़निश्चय के लिए जिम्मेदार हैं। आत्मसम्मान व अनुशासन की भावना, जो मैंने घर पर सीखी थी, उसी के कारण मैं जीवन में कुछ कर पाया। अमेरिकी अध्यापक अब्राहम जोयशा हर्शेल (1907-1972) ने ठीक ही लिखा था—"आत्मसम्मान अनुशासन की ही देन है। अपने को किसी कार्य को करने से रोक सकने की योग्यता से ही गौरव की अनुभूति होती है।"

मेरे लिए यह वर्णन करना बहुत कठिन होगा कि बौद्धिक स्तर पर मेरे माता-पिता कैसे थे। लेकिन एक बात जो मुझे उल्लेखनीय लगती है, वह यह कि वे काफी उदार थे। उन्होंने हमें कभी किसी प्रकार की मदद के लिए

मना नहीं किया। क्योंकि मैं पढ़ाई में रुचि रखता था, वे मेरे प्रति कुछ ज्यादा ही उदार रहते थे। बाद में मेरी बहन ने माँ की तरह मुझे स्नेह व वात्सल्य दिया और मेरी मदद की। यहाँ तक कि मेरी स्कूल फीस जमा करने के लिए अपने जेवर तक बेच दिए।

मेरे अध्यापक इयादुरई सोलोमन जिज्ञासु और विकल्पों के प्रति अनिश्चित रुख वाले युवाओं के लिए एक आदर्श शिक्षक थे। वे अपने स्नेहिल व खुले व्यवहार से हमें कक्षा में सहजता महसूस कराते थे। वे कहा करते थे कि एक अच्छा विद्यार्थी एक साधारण शिक्षक से अधिक सीख सकता है। किंतु एक कमजोर विद्यार्थी कुशल शिक्षक से भी अच्छा नहीं सीख पाता है। मैंने उन्हें ऐसे कई विद्यार्थियों को निःशुल्क ट्यूशन देते देखा, जो कक्षा में अच्छा नहीं कर पा रहे थे। उनके निर्देशन में मैंने यह सीखा कि विकल्पों के सही चुनाव से एक व्यक्ति अपने जीवन की घटनाओं पर अधिक प्रभाव डाल सकता है। वे कहा करते थे—"जीवन में सफल होने के लिए और परिणाम प्राप्त करने के लिए आपको तीन प्रभावकारी शक्तियों को समझना चाहिए और उनमें दक्षता हासिल करनी चाहिए। ये हैं—इच्छा, विश्वास तथा अपेक्षा करना।" बाद में इयादुरई सोलोमन पादरी बन गए।

माता-पिता का सबसे महत्त्वपूर्ण कार्य बालक के चरित्र-निर्माण का है। और सबसे महत्त्वपूर्ण सीख, जो माता-पिता दे सकते हैं वह है—ईमानदारी।

कार्यक्षेत्र में आपका मार्गदर्शक आपके माता-पिता की जगह ले लेता है। मैं बहुत भाग्यशाली हूँ कि स्व. श्री ब्रह्मप्रकाश (1912-84) ने मेरा मार्गदर्शन किया। उन्होंने बड़ी आसानी से मेरे कार्य करने के गलत तरीकों को सुधारा। मेरी समझ में एक सच्चे मार्गदर्शक को स्वयं ईमानदार होने के साथ-साथ अपने शिष्यों की ईमानदारी भी सुनिश्चित करनी चाहिए। मैं ईमानदारी से मेरा यहाँ मेरा—अर्थ है स्वयं के कार्य की प्रामाणिकता हम स्वयं सच्चे व प्रामाणिक कैसे हो सकते हैं?

हम अपनी आलोचना स्वयं करें। आप ऐसी हर वस्तु और विषय के बारे में सोचें, जो आपकी सोच के विपरीत हो। कभी भी अपनी गलती को न छुपाएँ। आपके पास का पूरा वातावरण इसी भावना को बढ़ानेवाला हो। इस तरह, बाद में जब आप किसी संस्था के सर्वोच्च पद पर पहुँचें तो आपको ऐसे लोगों की मदद करनी चाहिए, जो ईमानदार हों, स्वार्थी न हों और दूसरों के रास्ते में रोड़े न अटकाते हों। एक नेता का यह सबसे महत्त्वपूर्ण कार्य होता है। यह एक मौलिक आवश्यकता है। मेरे कार्य में इन मूल्यों की उत्पत्ति का कारण स्व. ब्रह्मप्रकाशजी का मार्गदर्शन है।

"हमारे प्रयासों से सीखने की चाह रखनेवाले बच्चों के
जीवन में निखार आएगा
मस्तिष्क में जिज्ञासा पैदा होगी
इस प्रकार हम उन्हें श्रेष्ठ ज्ञान दे पाएँगे।
हे मेरे प्रिय, धैर्य रखें
डरें नहीं, घबराएँ नहीं
अब सफलता दूर नहीं।"[25]

हममें से ऐसा कौन है, जो अपने द्वारा किए जा रहे कार्यों में सफल नहीं होना चाहेगा? हम सब आदर-सम्मान पाना चाहते हैं, जो सफलता के साथ ही आता है; साथ ही वह संतोष की भावना, जो उपलब्धि के साथ आती है। मैं इस बारे में विश्वस्त हूँ कि माता-पिता, अध्यापकगण और मार्गदर्शकों का आदर करना—ये तीनों बातें सफलता की नींव रखती हैं। आप जीवन में कुछ नहीं कर पाएँगे, यदि आप माता-पिता, अध्यापकगण और मार्गदर्शकों का सम्मान नहीं कर सकते। आदर करने या आज्ञा मानने से मेरे कहने का यह अर्थ नहीं कि आँख बंद करके विश्वास करें। स्वतंत्र व ईमानदार विचारों का होना जरूरी है, किंतु यह ध्यान रखना आवश्यक है कि यह कभी भी

अनादरपूर्ण अक्खड़पन का रूप न ले।

मेरा मानना है कि बचपन हमारे भाग्य का ऐसा हिस्सा है, जिसे अलग नहीं किया जा सकता। मैं बचपन की यादों को बहुत महत्त्व देता हूँ। जब हम बचपन के बारे में सोचते हैं तो ऐसा नहीं हो सकता कि हमारे वर्तमान में बीता हुआ समय अपना रंग न छोड़े। एक व्यक्ति जो वर्तमान में खुश व संतुष्ट है, वह गुजरे समय को उस समय की जो वास्तविकता थी, उससे बेहतर मानेगा। इसी तरह जो व्यक्ति इस समय दुःखी है, वह बीते हुए समय को भी दुःखद बताएगा। मैं ऐसा महसूस करता हूँ कि ऐसे अधिकतर लोग, जो अपने बारे में सकारात्मक सोच रखते हैं, अपने बचपन के बारे में भी अच्छी धारणा रखते हैं। हालाँकि यह सही तरह से पता नहीं चल पाता है कि इनमें से कौन से कारण हैं और कौन से प्रभाव?

परिवार और विद्यालय काफी हद तक प्रेरणा का स्रोत होते हैं। अध्यापक एक ऐसा व्यक्तित्व है, जो हमें जागरूक बनाता है, हमें प्रयत्नशील रखता है तथा हमारी रुचियों को दिशा देता है। मुझे अभी तक ऐसा कोई व्यक्ति नहीं मिला, जो अपने किसी-न-किसी अध्यापक को कृतज्ञता से याद न करता हो। सेंट जोसफ कॉलेज में मेरे अध्यापकों ने मुझे अपनी किताबें उधार दीं और मेरी योग्यताओं को सँवारने के लिए नाना तरीके अपनाए। एक अच्छे शिक्षक की यही व्याख्या हो सकती है।

बौद्ध धर्म में शिक्षक का स्थान मुख्य होता है। शिक्षक को इस विचार से पढ़ाना चाहिए कि 'मैं क्रम से ही पढ़ाऊँगा।' शिक्षक को यह विचार रखना चाहिए कि 'मैं कारण और प्रभाव की व्याख्या करते हुए पाठ के क्रम को आगे बढ़ाऊँगा।' शिक्षक को इस विचार के साथ आगे बढ़ना चाहिए कि 'मैं करुणा के साथ बोलूँगा।' शिक्षक को यह भी विचार करना चाहिए कि 'मेरा बोलना भौतिक पारितोषिक के उद्देश्य से प्रेरित नहीं होगा।' शिक्षक को इस विचार से पढ़ाना चाहिए कि 'मैं अपनी या किसी और की निंदा किए बिना बोलूँगा।'[26]

इमाम अल गज्जली एक अध्यापक की पहली प्राथमिकता यह मानते हैं कि जो भी बच्चा उसके पास पढ़ने आए, उसे बिना किसी शर्त के अपना बच्चा माने। वे इसलाम के पैगंबर के कथन का उल्लेख करते हैं—"मैं आपके पिता के समान हूँ और अपने बच्चों को जहन्नुम की आग से बचाना चाहता हूँ। यह उससे भी महत्त्वपूर्ण है, जो माता-पिता अपने बच्चों को धरती पर मुश्किलों से बचाने के लिए करते हैं।"

इस प्रकार एक अध्यापक का कार्य केवल तात्कालिक या हाल ही के लिए सफल होना या परीक्षा में अच्छे अंक अर्जित करने के लिए विद्यार्थी को प्रेरित करना नहीं है, अपितु विद्यार्थी को ऐसे मूल्य सिखाना है, जो चरित्र-निर्माण कर सकें, जो स्थायी हों एवं विद्यार्थी को जीवन में सफल बनने में मदद करें और उसके बाद भी बने रहें। इमाम अल गज्जली के अनुसार—"शिक्षा अल्लाह तक पहुँचने की यात्रा है।"

अध्यापक की एक और महत्त्वपूर्ण जिम्मेदारी यह है कि उसे बच्चों की बुद्धि, समझ के स्तर व जरूरतों के हिसाब से शिक्षा देनी चाहिए। मैं अध्यापकों से यह कहना चाहता हूँ कि वे इस मौलिक जिम्मेदारी को नजरअंदाज न करें और मासूम बच्चों को उनकी समझ से ऊपर के स्तर की शिक्षा देकर उन्हें भ्रमित न करें कि वे उसका अर्थ समझने के लिए परेशान होते रहें।

एक अध्यापक की यह भी जिम्मेदारी होती है कि वह बच्चों को अच्छी तरह जाने और उनकी समस्याओं को समझे, जिससे वह समस्याओं का सामना करने और इन्हें सुलझा पाने में बच्चों की मदद कर सके।

इसी कर्तव्य से संबंधित एक और कर्तव्य भी है। वह यह कि एक अध्यापक को इस प्रकार पढ़ाना चाहिए कि वह उसकी उस प्रतिष्ठा, अधिकार व सम्मान पर खरा उतरता हो, जो उसे बच्चों और माता-पिता से प्राप्त होता है। यह याद रखना चाहिए कि अकसर हम क्या पढ़ाते हैं से ज्यादा हम कैसे पढ़ाते हैं, इसका असर ज्यादा पड़ता है। आप तब तक धैर्य रखें

जब तक कक्षा का सबसे कमजोर विद्यार्थी भी सही तरह से ना समझ ले। आप नम्रतापूर्वक यह जवाब दें कि 'यह मैं नहीं जानता, चलिए, इसका उत्तर खोजते हैं!' वह उत्साह, जो आप उस कमजोर विद्यार्थी को देते हैं और वह शाबाशी, जो आप उसे छोटी सी उपलब्धि पर देते हैं, उसका असर पड़ता है। क्या बच्चे हम अध्यापकों या माता-पिता में अपना भविष्य नहीं देखते? इमाम अल गज्जली ने कहा है कि "एक समर्पित अध्यापक उस दीपक की तरह होता है, जो दूसरों को रोशनी देने के लिए स्वयं जल जाता है।"[26]

डॉ. एस. राधाकृष्णन (1888-1975) शिक्षक को जीवन का मार्गदर्शक मानते थे, "जिसकी दिशा और उद्‌देश्य की सीमाएँ ही नहीं हैं।"

सन् 2006 के शिक्षक दिवस पर प्रतिभाशाली शिक्षकों को राष्ट्रीय पुरस्कार देते हुए मैंने उन्हें दस बिंदुओंवाली एक शपथ दिलाई। यह शपथ इस प्रकार है—(1) शिक्षण के प्रति मेरा प्रेम सर्वप्रथम है। मेरी आत्मा शिक्षण ही रहेगी। शिक्षण ही मेरे जीवन का उद्‌देश्य होगा। (2) मैं यह जानता हूँ कि एक शिक्षक होने के नाते देश के विकास में बहुत महत्त्वपूर्ण योगदान कर रहा हूँ। (3) मैं यह महसूस करता हूँ कि मेरी जिम्मेदारी विद्यार्थियों के साथ-साथ जागरूक नौजवानों को सँवारना है, जो इस धरती पर, उसके ऊपर और इसके नीचे सबसे सशक्त संसाधन हैं। (4) मैं अपने को सफल शिक्षक तभी मानूँगा जब मैं एक औसत विद्यार्थी को अच्छे प्रदर्शन के लिए प्रेरित करने में सक्षम हो जाऊँगा और जब एक भी विद्यार्थी ऐसा नहीं होगा, जो अच्छा कार्य नहीं कर रहा होगा। (5) मैं अपने जीवन को इस प्रकार संगठित व संचालित करूँगा कि मेरा जीवन मेरे विद्यार्थियों के लिए एक आदर्श संदेश बन जाए। (6) मैं अपने विद्यार्थियों को प्रेरित करूँगा कि वे प्रश्न पूछें, जिससे उनमें पूछने की भावना पैदा हो और वे रचनात्मक एवं जागरूक नागरिक बनें। (7) मैं सभी विद्यार्थियों को बराबर समझूँगा और धर्म, जाति या भाषा के कारण कोई भेदभाव नहीं करूँगा। (8) मैं अपनी क्षमताएँ बढ़ाता रहूँगा, जिससे मैं अपने विद्यार्थियों को हमेशा उच्च गुणवत्ता की शिक्षा दे

सकूँ। (9) मैं हमेशा यह कोशिश करता रहूँगा कि मेरा मस्तिष्क महान् विचारों से प्रेरित रहे और अपने सोचने व कार्य करने में अपनी विनम्रता अपने विद्यार्थियों में बाँट सकूँ। (10) मैं हमेशा अपने विद्यार्थियों की सफलता का उत्सव मनाऊँगा।

अगर इस परिस्थिति में एक अध्यापक से इतनी आशाएँ हैं तो एक विद्यार्थी से क्या आशा की जा सकती है? एक विद्यार्थी का पहला कर्तव्य है कि वह अपने अंदर सच्चाई, ईमानदारी, निष्ठा तथा विनम्रता के गुण पैदा करे। इमाम अल गज्जली इसे ''आंतरिक मन को सजाने और उसका सौंदर्यीकरण कहते हैं।'' जब आपका अंतर्मन सुंदर होगा, भावनाएँ अच्छी होंगी तब सीखने की शुरुआत करनी चाहिए।

एक अध्यापक की तरह विद्यार्थी को भी हमेशा विनम्र रहना चाहिए। जब तक विद्यार्थी घमंड व हठ करते रहेंगे तथा अपने आप और अपनी चीजों पर अभिमान करते रहेंगे, वे और कुछ देख-समझ नहीं पाएँगे। अध्यापकों की बातें भी उन्हें सुनाई नहीं देंगी।

''ज्ञान से उद्दंड नौजवान भी विनम्र हो जाते हैं,
जैसे बाढ़ में पहाड़ी भी धुल जाती है।''

विनम्रता के द्वारा ही आप सीखने में सफलता प्राप्त कर सकते हैं; लेकिन इतने विनम्र भी मत बनिए कि अपने अध्यापकों से अपनी समझ को सुधारने के लिए प्रश्न भी न पूछ पाएँ। आपके शिक्षक यह आशा करते हैं कि आप उनसे प्रश्न पूछें और पाठ को कक्षा में पढ़ाए जाने के दौरान उसमें भाग लें तथा अपना योगदान भी दें। यह हर विद्यार्थी का अधिकार है कि वह कक्षा में प्रश्न पूछे और उसे सुना भी जाए। विद्यार्थियों के संगठन व अन्य संस्थाएँ बनाकर विद्यार्थियों को कॉलेज के प्रबंधन में भी मदद करनी चाहिए। उन्हें क्या जानना चाहिए, यह तय करना उनका अधिकार है। इसके लिए उन्हें कोई मना नहीं कर सकता। इसी प्रकार, अध्यापकों को माता-पिता का

प्रतिनिधि मानकर उनकी माँगों का आदर करना उनका कर्तव्य है।

हजरत इनायत खाँ कहते हैं—[28]

"ज्ञान मानव को कुछ नहीं दे पाएगा, जब तक मानव अपना सबकुछ ज्ञान को समर्पित न कर दे।"

दस से बीस की उम्र के वर्ष बहुत मुश्किल के होते हैं। इस उम्र में प्रसिद्धि एक बड़ा छलावा जैसी होती है। जितने भी सफल लोगों को मैं जानता हूँ, उनमें से कोई भी इस उम्र में प्रसिद्ध नहीं था। उनमें से कुछ ने मुझे बताया कि वास्तव में उनका यह समय बहुत परेशानीवाला रहा और मित्रों के साथ बहुत सी समस्याएँ आईं। हाशिए पर रहना—मुख्यधारा से अलग रहने की भावना, औरों से भिन्न होना, साथियों का बरताव और तरीकों को ऐसी भावना से देखना कि आप उन सबसे अलग हैं—एक आम बात होती है। ऐसी उम्र में अमीर लोगों और अपने स्कूल के साथियों से अलग होने के साथ-साथ अपने विचारों के कारण मैं भी हाशिए पर था। कभी-कभी मुझे कुछ भी पता नहीं चल पाता था कि क्या हो रहा है। ऐसे में रूमी के इन शब्दों ने मुझे प्रेरित किया—

"अगर कोई चींटी सर्वश्रेष्ठ श्रेणी में जाने की कोशिश करती है
तो उसके इस प्रयास पर तिरस्कारपूर्वक न मुसकराएँ।
आज जो भी कौशल, संपत्ति या कला आपको प्राप्त है,
क्या यह पहले सिर्फ एक स्वप्न मात्र ही नहीं था?"[29]

ऐसी बहुत सी चीजें हैं, जो बचपन को बड़ेपन से जोड़ती हैं। कई लोगों में तो बचपन की रुचि बाद के वर्षों तक निरंतर बनी रहती है, शेष जगह यह बड़े विचित्र तरीके से प्रस्तुत होती है। एक रचनात्मक व्यक्ति के लिए कई विकल्प होते हैं। जीवन या तो सीधे-सीधे बिना किसी रुकावट के बचपन से होता हुआ बुढ़ापे तक जाता है या उसकी रुचि और कार्यक्षेत्र उसके

जन्म से पहले ही तय हो जाते हैं अथवा फिर उसके बचपन के बाद का जीवन केवल भाग्य ही निर्धारित करता है। एक संभावना यह भी है कि उसके बचपन के बाद के जीवन की रुचियों का उसके बचपन से कोई लेना-देना न हो।

ऐसा क्या होता है, जो कुछ लोगों को रचनात्मक बना देता है? हम भारतीय जीवन को एक निश्चित और अच्छे तरीके से जीने को ही जीवन मानते हैं। रचनात्मक लोगों के जीवन का अध्ययन करके हम कुछ अलग ही प्रकार की संभावनाओं को समझ सकते हैं। अगर भूतकाल ही भविष्य का निर्धारण करता है तो हमें इस अध्ययन में यह साफ-साफ नजर आना चाहिए; लेकिन ऐसा नहीं है। अलग-अलग लोगों ने अलग-अलग रास्तों पर चलकर प्रसिद्धि पाई। ऐसा भी नहीं है कि व्यक्ति बदल नहीं सकता। न तो जीन्स इसे रोकते हैं और न ही बीते हुए कल की घटनाएँ। जैसे-जैसे वे जीवन में आगे बढ़ते हैं, उन्हें अच्छे-बुरे लोग, सफलताएँ व असफलताएँ और वे घटनाएँ, जिनपर उनका कोई वश नहीं—वह सब झेलना पड़ता है। रचनात्मक लोग घटनाओं को प्रभावित करते हैं, न कि घटनाएँ उन्हें।

तब, ऐसा लगता है कि एक रचनात्मक व्यक्ति के जीवन को कोई निर्धारित तो करता है, लेकिन उसे न तो परिवार, न ही जीन्स और न ही विद्यालय और न ही महाविद्यालय, सुनिश्चित करते हैं। कुछ कर दिखाने की तीव्र इच्छा और सफल होने की अदम्य आकांक्षा ही उसका भविष्य निश्चित करते हैं। अभी भी एक प्रश्न शेष है कि यह तीव्र इच्छा या निश्चय कहाँ से आते हैं? क्या ये संवेदनाएँ हमारे जीन्स तय करते हैं, जो पुराने अनुभवों को जाग्रत् करती हैं? क्या यह एक शिक्षक नहीं है, जो बच्चे की दुनिया में मार्गदर्शन के द्वारा मदद करता है?

जब महाभारत का युद्ध शुरू होने वाला था तब अर्जुन, जो स्वयं एक महान् योद्धा थे, असमंजस में पड़ गए कि वे कैसे उन लोगों को मार सकते हैं, जिनका उनसे रक्त का संबंध है और जिनके साथ वे बचपन से रहे हैं।

वे युद्ध को रोककर श्रीकृष्ण से बात करने लगते हैं। 'भगवद्गीता' यहीं से शुरू होती है और वहाँ समाप्त होती है जहाँ श्रीकृष्ण अर्जुन को यह विश्वास दिला देते हैं कि यह सब एक बड़ी योजना का हिस्सा है और अर्जुन इस योजना के सेवक मात्र हैं। उन्हें मात्र अपना कर्तव्य निभाना है, न कि भगवान् की इच्छा पर प्रश्न उठाना है।

यह सिद्धांत कि विश्व का प्रत्येक कार्य किसी कारण से ही होता है, भारतीय अध्यात्म का आधार है। यह मनुष्य को ब्रह्मांड से जोड़ता है और हमारे हर कार्य के लिए हमें जिम्मेदार मानता है। 'गीता' में श्रीकृष्ण संकेत करते हैं कि आत्मा अमर है, यह एक शरीर से दूसरे शरीर में स्थानांतरित होती है। यह क्रम निरंतर चलता रहता है, जब तक उसके हर बुरे कर्म का फल नहीं मिल जाता। अगर आप यह नहीं जानना चाहते कि हम किस स्तर पर नीचे या ऊपर हो रहे हैं, तो महत्त्वपूर्ण यह है कि जब आत्मा का स्तर ऊपर उठ रहा हो तब यह जो मार्गदर्शन उपलब्ध करा रही हो, उसे महसूस करें, उसे मानें और उस समय अपने सर्वोत्तम प्रयास करें।

□

3

स्वर्ग की अतुल्य समरसता

चेतना और विवेक हमारे हृदय की भावनाओं में विद्यमान प्रकाश है।

जीवन का अर्थ ही संघर्ष व सफलता है। ऑस्ट्रिया के न्यूरोलॉजिस्ट और मनोविज्ञान के विचार के जनक सिगमंड फ्रायड (1856-1939) विश्लेषण के बाद लिखते हैं—"जब आप बीते दिनों का विश्लेषण करेंगे तो संघर्ष के दिन ही आपको सुनहरे लगेंगे।" जीवन में सफल होने के लिए एक व्यक्ति को रास्ते में आनेवाली सभी रुकावटों का सामना करने के लिए भरसक प्रयास करने चाहिए। यह बिलकुल वैसा ही है जैसे कि सीढ़ियाँ चढ़ते समय या पहाड़ी पर चढ़ते समय आप सारे प्रयास करते हैं और अपनी सारी ऊर्जा भी खर्च कर देते हैं। शीर्ष तक पहुँचने की यात्रा बहुत मुश्किल होती है। वह आपको थका सकती है, लेकिन वहाँ पहुँचने की खुशी का अंदाजा नहीं लगाया जा सकता। एमिलो डिक्सन (1830-1886) ने इस विचार को इस प्रकार कहा है—"सफलता का सबसे अधिक मोल वही लगा सकते हैं, जो कभी सफल नहीं हो पाए। शहद की मिठास वही जान सकता है जिसे इसकी जरूरत है।"[31]

मैंने जीवन को हमेशा सराहा है, क्योंकि मैं जानता था कि यह एक बहुमूल्य उपहार है। जैसा कि किसी भी भारतीय संयुक्त परिवार में होता है, जीवन और सीखने के बारे में मेरे विचारों का निर्माण माता-पिता के साथ-साथ अन्य बड़े लोगों के संरक्षण में हुआ। मेरे शिक्षक स्व. शिव सुब्रह्मण्यम अय्यर तथा मेरे मार्गदर्शक स्व. ब्रह्मप्रकाश, इन दोनों ने मुझे सहारा दिया। दोनों ही श्रेष्ठ व्यक्तित्व थे। वे बहुत दयालु एवं समर्पित थे। उनमें प्रेम और समझ की अपार क्षमता थी। वे निस्स्वार्थी और उदार थे। उनकी जीवन-शैली में एक अजीब सा आत्मविश्वास था। दोनों ही अपने-अपने तरीके से यह मानते थे कि जीवन उन्हें वहाँ ले जा रहा है, जहाँ उन्हें जाना चाहिए। उन्होंने ब्रह्मांड पर विश्वास किया। वे विश्वास करते थे कि यही सबकुछ नियंत्रित करता है।

ब्रह्मांड पर विश्वास करने का अर्थ है—इस विश्वास के साथ जीना कि कितना भी दु:ख हो, कितनी भी उथल-पुथल आपके चारों ओर हो रही हो, कुछ भी अकारण नहीं है। यह विचार जीवन के एक उच्च उद्देश्य में विश्वास करता है। मैंने ऐसे बहुत से लोगों को देखा है जो नकारात्मक सोच से उन सब अच्छाइयों को दबाना चाहते हैं, जो हमारे चारों ओर हैं।

विलियम (1770-1850) ने लिखा है—''पृथ्वी पर इससे अच्छा कुछ नहीं है : वह नकारात्मक आत्मावाला ही कोई होगा जो इतने सौंदर्यपूर्ण दृश्य को नहीं देख पा रहा है। ''कई बार स्थिति इतनी विकट हो जाती है कि लगता है, अब हार मान लेनी चाहिए। मेरे हिस्से में भी कुछ ऐसे उतार-चढ़ाव आए, लेकिन मुझे कुछ ही ऐसे लगे जिन पर विजय संभव नहीं लगी।

सन् 1972 में सर्वश्री सतीश धवन एवं ब्रह्मप्रकाश ने मुझे बुलाया। चेयरमैन श्री धवन बोले, ''मैं आपको एक बड़ी परियोजना की जिम्मेदारी देने जा रहा हूँ। आप उसके निदेशक बनकर एस.एल.वी.-3 परियोजना का नेतृत्व करेंगे।[33] इस कार्य के लिए जरूरी बजट आपको मिलेगा। आपको सात वर्षों में यह कार्य पूरा करना है। संस्थान के सभी केंद्रों से सारे लोग आपके

लिए उपलब्ध होंगे। हम सब मिलकर कार्य करेंगे। मैं भी आपके नेतृत्व में कार्य करूँगा।'' मैं आश्चर्य कर रहा था कि उन्होंने इतनी महत्त्वपूर्ण परियोजना के लिए मुझे ही क्यों चुना? क्योंकि अन्य कई वरिष्ठ वैज्ञानिक भी संस्था में थे।

मैं यह सोच रहा था कि 'मैं यह कैसे कर पाऊँगा'। फिर श्री धवन ने जो मुझे समझाया, उसे मैं हमेशा याद रखता हूँ। उन्होंने कहा, ''एक व्यक्ति अगर कोई भी काम नहीं करता तो कोई परेशानी नहीं होती। लेकिन अगर आप कोई कार्य करते हैं तो परेशानियाँ आ सकती हैं। किंतु ये समस्याएँ आपके ऊपर हावी नहीं होनी चाहिए। आपको उनके ऊपर हावी होना होगा, उन्हें हराना होगा और उसमें सफल होना होगा।''

सात वर्ष बाद अगस्त 1979 में उलटी गिनती शुरू हो गई। हम सब लोग श्रीहरिकोटा में थे। आखिरी चरण में हमने प्रक्षेपण प्रणाली कंप्यूटर के हवाले कर दी। कंप्यूटर ने प्रक्षेपण न करने का सुझाव दिया। मैंने अन्य विशेषज्ञों से विचार-विमर्श किया। उन्होंने कहा कि चिंता न करें, प्रक्षेपण करना ठीक रहेगा। परियोजना का निदेशक होने के नाते मैंने प्रणाली को कंप्यूटर से हटाकर अपने हाथों में ले लिया। प्रक्षेपण के तुरंत बाद हमारा उपग्रह बंगाल की खाड़ी में जा गिरा। प्रेसवालों ने पूछा कि 20 करोड़ रुपए की लागत से बना यह उपग्रह बंगाल की खाड़ी में कैसे गिर गया?

श्री सतीश धवन के सुझावों के साथ-साथ जो आध्यात्मिक मजबूती मुझे मेरे संयुक्त परिवार ने दी, उसने मुझे इस असफलता से बाहर निकलने में मदद की। इस घटना पर परेशान और उदास होने के बजाय हमने अपनी ऊर्जा इस असफलता के वास्तविक कारण को ढूँढ़ने और बारीकी से विश्लेषण करने में लगाई। श्री एम.आर. कुरुप को असफलता का कारण ढूँढ़ने के लिए गठित बोर्ड का अध्यक्ष और श्री जी. माधवन नायर को सचिव बनाया गया। उन्होंने बड़ी बारीकी से 125 वैज्ञानिकों व अन्य कर्मियों से असफलता के बारे में बातचीत की और 200 से अधिक आँकड़ों का विश्लेषण किया।

हम तकनीकी तौर पर इस निष्कर्ष पर पहुँचे कि वातानुकूलन संयंत्र के खराब होने की वजह से यह सब हुआ। प्रक्षेपण से पहले ही ऊर्जा नियंत्रण संयंत्र के वॉल्वों तक धूल पहुँच गई, जिस कारण वह ठीक से कार्य नहीं कर रहा था। इस जाँच से हम यह समझ गए कि सारे संयंत्रों को गहन जाँच के बाद ही प्रयोग में लाया जाए। साथ ही यह भी सुनिश्चित किया जाए कि वैज्ञानिकों का निरंतर उत्साहवर्धन किया जाए। इन सबकी वजह से ही मैं एक वर्ष के अंदर-अंदर दोबारा प्रक्षेपण करा सका और वह सफल रहा।

दूसरी समस्या सन् 1989 में आई। 'अग्नि' का प्रक्षेपण[34] 20 अप्रैल को किया जाना था। जब हम टी-14 सेकंड पर थे, कंप्यूटर ने 'होल्ड' (रुकने) का इशारा किया, जिसका अर्थ था कि कोई उपकरण सही काम नहीं कर रहा है। इस समय तक वह प्रणाली, जो प्रक्षेपण के लिए रखी मिसाइल को बाहर से ऊर्जा दे रही होती है, उसे हट जाना होता है और मिसाइल अपनी स्वयं की बैटरी से कार्य करने लगती है तथा उसे रीचार्ज करने लगती है।

अब मई की पहली तारीख को मिसाइल का प्रक्षेपण किया जाना था, लेकिन एक बार फिर कंप्यूटर ने स्वचालित जाँच के समय टी-10 सेकंड पर 'रुकने' का इशारा किया। एक नियंत्रण प्रणाली ठीक से कार्य नहीं कर रही है। प्रक्षेपण दोबारा स्थगित करना पड़ा। हैदराबाद की हमारी प्रयोगशाला में हर तरफ भ्रम की स्थिति पैदा हो गई।

मैंने रक्षा अनुसंधान एवं विकास प्रयोगशाला (डी.आर.डी.एल.) एवं अनुसंधान केंद्र इमारत (आर.सी.आई.) में जितने भी मेरे साथी मिसाइल परियोजना पर कार्य कर रहे थे, सबको एक जगह आमंत्रित किया। उस दिन डी.आर.डी.एल. के प्रवेश द्वार पर लगभग 2,000 लोग खड़े थे, जैसे कोई रैली होने जा रही हो। मुझे याद है, उस दिन मैंने क्या कहा था, "ऐसा बहुत कम ही होता है कि किसी प्रयोगशाला को 'अग्नि' जैसी प्रणाली पर कार्य

करने का अवसर मिले। यह हमारे पास एक बहुत अच्छा अवसर है। यह स्वाभाविक ही है कि बड़े अवसरों के साथ बड़ी चुनौतियाँ भी आती हैं। हमें हार नहीं माननी चाहिए और समस्या को अपने ऊपर हावी नहीं होने देना चाहिए कि वह हमें हरा सके। हमारा देश हमसे सिर्फ सफलता की आशा रखता है। हमें सफलता के लक्ष्य को प्राप्त करना है।'' मैं अपनी बात पूरी करने ही वाला था कि लोगों से यह कह गया कि ''मैं आपसे वादा करता हूँ कि हम इस महीने के अंत से पहले-पहले 'अग्नि' का सफलतापूर्वक प्रक्षेपण करके इस परियोजना में सफलता प्राप्त करेंगे। अंततः 22 मई को हम प्रक्षेपण करने में सफल हुए।

मैं आगे बढ़ते हुए बच्चों को यह विश्वास दिलाना चाहता हूँ कि जिस परेशानी से जीवन में उन्हें गुजरना पड़ता है, वह उनके विकास में उनकी मदद करती है। यह एक समझ का विकास करती है कि वास्तव में वे क्या हैं और यह बताती है कि उनकी सही जगह क्या है? अगर हम इस बात पर विश्वास करें कि हमारा मार्गदर्शन हमारे भले के लिए ही है तो जीवन में तनाव कम हो जाता है।

सबटल एनर्जीज (सूक्ष्म ऊर्जा) के विचार के जनक श्री विलियम टिलर लिखते हैं—''ब्रह्मांड में हमारे विकास के लिए एक योजना है, जो आँकड़ों को इस तरह प्रभावित करती है कि हमारी राह में घटनाएँ व अवसर आते हैं। इसलिए समझदारी इसी में है कि जो भी सामने आए उसे पूरी शक्ति एवं उत्साह से करते जाएँ। फिर बिना किसी संदेह के इसपर विश्वास करके आगे बढ़ते जाएँ कि आनेवाले अवसर और अधिक उन्नति लाएँगे।'' टिलर के अनुसार, ''अगर हम कभी लड़खड़ाएँ या ठोकर खाएँ तो यह भी ठीक ही है, क्योंकि ऐसी घटनाएँ यह बताती हैं कि हमें अभी बहुत कुछ सीखना है।''[35]

जब एक नौजवान कॉलेज की पढ़ाई पूरी कर लेता है, उस समय उसके बहुत से लक्ष्य व सपने होते हैं। जब मैंने विमान अभियांत्रिकी में

स्नातक पाठ्यक्रम पूरा किया तब मैं एक पायलट बनना चाहता था। मैंने वायुसेना में जाने की कोशिश की, पर सफल नहीं हो पाया। अपने भविष्य को लेकर कई बार मैं अनिश्चितता व असुरक्षा महसूस करता था और चिंता थी कि इस विश्व में मैं अपना कोई स्थान बना पाऊँगा या नहीं? लेकिन अंदर कुछ था, जो परेशानीवाले समय में मुझे राहत देता था। इस 'अंदरूनी आस्था' के विचार को मैं अपने पाठकों से अवश्य बाँटना चाहूँगा।

मैं हमेशा से यह सोचा करता था कि मस्तिष्क और मन के अंदर बहुत सी जगह होती है। मैं अकसर इस आंतरिक जगह में घूमा तथा खोज की और सोचा कि मेरा जीवन कैसा होगा? मैं कहाँ जाना चाहता हूँ और क्या बनना चाहता हूँ? साथ ही वह भी, जो मैं अपने जीवन से चाहता हूँ। और मैं ऐसी कल्पना करता था कि मैंने वह सब पा लिया है जो मैं अर्जित करना चाहता था। यह जगह मेरे लिए आस-पास के वातावरण में अधिक वास्तविक थी। यह एक रहस्य की तरह हमेशा मेरे साथ रहता था, मेरे हृदय के समीप कि सिर्फ मैं ही जान सकता था, ऐसी जगह जहाँ आपकी आंतरिक इच्छाएँ और सपने रहते हैं। विलियम वर्ड्सवर्थ (1970-1850) ने इस भाव को बहुत खूबसूरती से कहा है—"बिना किसी विचार के या विचार में मग्न जब मैं अपने स्थान पर लेटा रहता हूँ तो प्राय: ये सपने और इच्छाएँ एकदम से सामने आती हैं। यही अकेलेपन का आनंद है।"

लेकिन मैं ऐसा क्यों सोच पाया? इसका रहस्य क्या है? इसको समझ पाना कि क्या यह मेरे सपनों को दिशा दे पाएगा और इन्हें साकार करने की क्षमता देगा—सिर्फ किस्मत की बात है? पोलैंड की 'नोबेल पुरस्कार' विजेता बिस्लावा सिमबोरस्का (1923 में जनमी) लिखती हैं—

"यहाँ सबकुछ इतना है
कि कुछ भी सही से छुपाया नहीं गया है।"[38]
(सबकुछ स्पष्ट व प्रकट है।)

जब हम कहते हैं कि कुछ नई खोज कर ली गई है या बहुत पुरानी समस्या का समाधान मिल गया है, यह वास्तव में उस प्रक्रिया का परिणाम होता है, जो बहुत पहले शुरू हुई होती है, लेकिन हम उसके प्रति सचेत नहीं होते। करीब-करीब हर नई खोज, जिसमें प्रसिद्ध खोजें भी शामिल हैं, ऐसी लगती है जैसे किसी व्यक्ति की सोच या उसकी प्रकृति का परिणाम है।

अधिकतर उपलब्धियाँ उस एक क्षेत्र के प्रति आपकी प्रतिबद्धता का हिस्सा होती हैं, जिसमें आपकी रुचि बचपन से ही रही होती है। हर बच्चे में एक विशिष्टता होती है और उसकी रुचि एक क्षेत्र में केंद्रित रहती है। यह बचपन से स्कूल, विश्वविद्यालय, अनुसंधान प्रयोगशाला, कलाकार की कार्यशाला, लेखक की मेज या एक व्यावसायिक संस्थान से होकर गुजरती है।

इसी तरह अलग-अलग लोग अपनी रुचि के अनुसार अलग-अलग जीविका अपनाते हैं। एक कवि का जीवन और कार्य एक नाभिक भौतिक-विज्ञानी, हृदय रोग विशेषज्ञ या वित्तीय संस्था के मुख्य कार्यकारी अधिकारी से अलग होता है। साथ ही, एक विशेष क्षेत्र में कार्य करनेवाले व्यक्तियों के जीवन व कार्य के तरीके में बहुत अंतर हो सकता है। ज्ञानार्जन की प्रक्रिया को समझना एक महत्त्वपूर्ण विषय है, जो कई वर्षों, दशकों या कभी-कभी जीवन भर चलता रहता है।

ब्रिटेन के दार्शनिक लेजली जे-वॉकर (1877-1958) ज्ञानार्जन की व्याख्या मन की एक निश्चित स्थिति की तरह करते हैं। ज्ञान की चाहत में अज्ञानता से शुरू करके एक व्यक्ति वहाँ तक पहुँचता है, जो उसे पता होना चाहिए। एक शल्य चिकित्सक को यह जानने की जरूरत नहीं है कि भाप के इंजन का उत्केंद्री बल क्या होता है? लेकिन उसे यह जानना जरूरी है कि रक्तस्राव रोकने की पट्टी कैसी होती है? अज्ञानता अपने आप में कुछ नहीं है।

अज्ञानता के बाद आता है भ्रम, जो चेतना की अवस्था को अमान्य

ठहराता है। इसका अर्थ है—विश्वास का न होना और यह भी अपने आप में कुछ नहीं है। भ्रम में पहला स्तर है संदेह। संदेह एक दिशा में इतना हलका झुकाव होता है, जिसके कारण कुछ अंतर नहीं आ पाता है, लेकिन झुकाव जरूर होता है।

यह ऐसे ही है जैसे कि एक सख्त ढाँचेवाली वस्तु में दबाव के कारण बदलाव आने से पहले इलास्टिक दबाव बनता है। ऐसे में दबाव को महसूस किया जाता है, किंतु तब तक बदलाव नहीं आया होता। एक व्यक्ति अपने संदेह को राय में तबदील कर लेता है, जब वह यह मान लेता है कि संदेह की किन्हीं परिस्थितियों में संभव हो सकने की संभावना है। जब कोई संभावना थोड़ी और बढ़ जाती है तो वह विश्वास बन जाती है। इसे ज्ञान नहीं समझ लेना चाहिए।

ज्ञान अंतर्ज्ञान पर आधारित एक निश्चितता है और विश्वास समझ की निश्चितता है। ज्ञान अर्जित करने के लिए विश्वास एक जरूरी प्राथमिकता है, लेकिन यह स्वयं में ज्ञान नहीं है। यदि किसी को यह विश्वास है कि आकाश नीला है तो यह इस तरह से सोचना हुआ कि यह सत्य है कि 'आकाश नीला है।' अधिकतर ज्ञानी लोग उन्हीं विचारों पर कार्य करते हैं, जिन पर उन्हें पूर्ण विश्वास होता है। जो विश्वास से कहा जा सकता है वह या तो विश्वास है या ज्ञान। यह क्या है, इसका निर्णय इस बात पर निर्भर करता है कि इनमें से कौन अधिक प्रभावी है।[39]

साधारणत: दो तरह के कार्यक्षेत्र होते हैं—एक पारंपरिक क्षेत्र, जहाँ एक व्यक्ति की अपने कार्यक्षेत्र में प्रगति एक निर्धारित क्रम के अनुसार होगी और दूसरे वे, जहाँ रचनात्मक लोगों को अपने लिए नए प्रकार के कार्य ढूँढ़ते रहना पड़ता है।

अधिकतर लोग किसी-न-किसी संस्था में सबसे निचले स्तर पर नौकरी शुरू करते हैं। कई वर्षों तक और निर्धारित कार्य करते हुए किसी ऊँचे पद से सेवानिवृत्त हो जाते हैं। एक श्रमिक औजार बनानेवाले के कार्य

से शुरू करके फोरमैन के पद तक जा सकता है, एक अध्यापक तीस वर्ष तक अध्यापन कार्य करके प्रधानाध्यापक बन सकता है, एक सिपाही सार्जेंट बन सकता है, एक नौजवान वकील किसी संस्था का भागीदार बन सकता है। ये सब नियम पहले से निर्धारित हैं, हम अपने को इसमें ढाल लेते हैं। मैं रक्षा अनुसंधान एवं विकास संगठन (डी.आर.डी.ओ.) में एक वरिष्ठ विज्ञानी सहायक के पद पर भरती हुआ और चालीस वर्ष बाद प्रमुख पद से सेवानिवृत्त हुआ। इस बीच अस्थायी तौर पर बीस वर्षों तक मैं भारतीय अंतरिक्ष अनुसंधान संस्थान (इसरो) में रहा। मैंने अपने जीवन व कार्य में उसी का अनुसरण किया जैसा मेरे लिए निर्धारित किया गया था।

दूसरी ओर रचनात्मक व्यक्ति अकसर उस कार्य को जीवन भर करते हैं, जो उन्हें मुश्किल परिस्थितियों में खोज निकालना पड़ा। ये उस प्रकार के लोग होते हैं जो अपने लिए अलग रास्ता चुनते हैं और रचनात्मक ऊर्जा के नए मुकाम तक पहुँचते हैं। फ्रायड से पहले कोई मनोविशेषज्ञ नहीं हो सकता था, राइट बंधुओं से पहले कोई वायुयान इंजीनियर और एडिसन से पहले कोई बिजली का कार्य करनेवाला। जमशेदजी टाटा (1904-1993) से पहले भारत में कोई स्टील बनानेवाला नहीं था और विक्रम साराभाई (1919-71) से पहले भारत में कोई अंतरिक्ष संबंधी अनुसंधान नहीं होता था। ऐसे दो लोगों को मैं जानता हूँ, जो विषम परिस्थितियों में भी शीर्ष तक पहुँचे और वह भी ऐसे क्षेत्र में, जो उनका कार्यक्षेत्र नहीं था। मशीनी अभियंता वर्गीज कुरियन (1921 में जनमे) ने भारत में सहकारी दुग्ध आंदोलन को सफल बनाया तथा हृदय रोग विशेषज्ञ बी. सोमा राजू (1946 में जनमे), जिन्होंने रक्षा वैज्ञानिकों के साथ मिलकर हृदय का स्टेंट बनाया—इन लोगों ने न केवल सोचने व कार्य करने के नए तरीके खोजे बल्कि जो नए क्षेत्र खोजे, उसमें कार्य करनेवाले वे प्रथम व्यक्ति भी बने। इन लोगों की वजह से ही यह संभव हो पाया कि अन्य लोग भी इन क्षेत्रों में कार्य कर सके और ये उनकी जीविका का साधन बन सके।

पहल करनेवालों को ऐसा क्षेत्र बनाना चाहिए, जो उनके विचारों को पोषित करे, अन्यथा उनकी खोज की उपयोगिता जल्द ही समाप्त हो जाएगी और वर्तमान संस्कृति में अपना कोई स्थान नहीं बना पाएगी। वर्गीज कुरियन को अपनी योजना के लिए किसानों को राजी करना पड़ा तथा सोमा राजू को अपने कार्य के लिए इंजीनियरों की मदद लेनी पड़ी, क्योंकि नया क्षेत्र दो क्षेत्रों को मिलाकर ही बन सकता है। अगर कोई ऐसा काम करना चाहता है, जो क्षेत्र अभी अस्तित्व में नहीं है तो उसे नए क्षेत्र की खोज करनी चाहिए और जो लोग नए क्षेत्र बनाते हैं, वे ऐसा ही करते हैं।

लेकिन लेखकों, संगीतकारों, कलाकारों के साथ क्या होता है? ये सबसे पुराने क्षेत्रों में से हैं, इसलिए यह तर्क देना गलत होगा कि एक रचनात्मक कवि एक कवि के लिए स्थान बनाता है। लेकिन एक तरह से यह सही भी है। हर कवि, संगीतकार या कलाकार—जो अपना प्रभाव छोड़ता है—वह जरूर लिखने, संगीत की धुन बनाने या कलाकृतियाँ बनाने का एक तरीका खोज निकालता है। इस प्रकार कलाकारों का कार्य तो पुराना ही है, लेकिन उनकी कला में नया अर्थ और सार होता है। गेरे सामने ऐसे दो उदाहरण हैं—एक, विज्ञान के क्षेत्र से और दूसरा कला के क्षेत्र से, जो यह बताते हैं कि रचनात्मक और सृजनात्मक जीवन निर्माण में क्या-क्या जरूरी है?

हम लोग मिसाइल की ऊपर की नाक बनाने के लिए कुछ अधिक मजबूतीवाले विशेष तत्त्वों पर कार्य कर रहे थे। तब एक हड्डी शल्य-चिकित्सक डॉ. बी.एन. प्रसाद ने मुझसे संपर्क किया और हमने फ्लोर रिएक्शन प्रोस्थोसिस का विकास किया—एक ऐसा कृत्रिम अंग, जिससे पोलियो से पीड़ित बच्चा अधिक आसानी व आराम से चल पाए। फादर फेलिक्स ने मानसिक तौर पर विकलांग बच्चों के लिए पहली बार केरल के कोट्टयम जिले में चंगायेरी में एक विद्यालय स्थापित किया और एक नए तरह के नृत्य प्रशिक्षण के द्वारा विकलांगता की चुनौती से लड़ने के नए तरीके खोजे।

एक व्यक्ति की मृत्यु के बाद उसके जीवनकाल में किए गए कार्य ही शेष रह जाते हैं। आज की पीढ़ी के बच्चे रामकृष्ण परमहंस, स्वामी दयानंद तथा श्रीअरविंद द्वारा स्थापित स्कूलों में जाते हैं, तो उन्हें इन महापुरुषों के जीवन व शिक्षा की जानकारी मिलती है। हम जैसे लोगों के लिए अमरता तभी वास्तविक रूप में आ सकती है, जब हम अपने पीछे महत्त्वपूर्ण कार्य करके छोड़ जाएँ।

एक व्यक्ति के लिए अमरता वास्तव में आनुवंशिकी के कारण उत्पन्न एक भ्रम है। यह बहुत अजीब ही है कि कोई भी मरना नहीं चाहता।

ऐसी मान्यता है कि मृत्यु के बाद अमर होने के दो संभव तरीकों में से एक को ही अपनाया जा सकता है। एक तरीका तो आपके बच्चे हैं, जो आपके वंश-क्रम को आगे चलाते हैं और दूसरा तरीका है पुस्तकें, जो आप लिखते हैं। रोम की एक कहावत है—'लिब्री ऑर लिबेरी' (किताबें या बच्चे)। यह इस बात की ओर सकेंत करती है कि दोनों तरीकों को एक साथ अपनाना मुश्किल है। वास्तव में, कई संस्कृतियों में, जैसे—ईसाइयों के धार्मिक राज्य में ईसाई साधुओं को, तिब्बत के लामाओं को या फिर बौद्ध भिक्षुओं को और सूफी संत, जो पुस्तकें लिखते थे, उनसे यह आशा की जाती थी कि वे विवाह नहीं करेंगे, संतान पैदा नहीं करेंगे। मैं महसूस करता हूँ कि मैंने अनजाने में इस परंपरा को अपनाया।

अमरता के बाद दूसरी सबसे प्रबल इच्छा होती है नेतृत्व की। मानव में यह इच्छा प्रकृति की ही देन है कि वह पृथ्वी के अन्य प्राणियों पर प्रभुत्व बनाना चाहता है। यही गुण जब अधिक विकसित हो जाता है तो व्यक्ति अपने साथियों का भी नेतृत्व करना चाहता है और उनकी गतिविधियों को नियंत्रित करना चाहता है।

एक व्यक्ति या तो स्वयं को नियंत्रित कर सकता है या सारी दुनिया को। इसके बीच में हमें वे लोग मिलते हैं जो प्राथमिक तौर पर परिवार, समुदायों, राज्यों व देशों को नेतृत्व प्रदान करते हैं। इन सब में हमें वे और

अपने लोग भी मिलते हैं, जिनका प्रभाव-क्षेत्र एक से अधिक क्षेत्रों में फैला रहता है। जैसे—धार्मिक नेता, कार्यस्थल के निदेशक, अधिकारी, प्रबंधक, पर्यवेक्षक तथा स्वैच्छिक संगठनों के मार्गदर्शक। हालाँकि ऐसी बहुत सी कहानियाँ हैं, जो हमें यह विश्वास दिलाती हैं कि व्यक्तित्व के कारण कुछ नेता चमत्कारक रूप से अपना प्रभाव छोड़ते हैं। अधिकतर नेता समर्थकों एवं अन्य लोगों की एक प्रणाली के साथ कार्य करते हैं तो उनके कार्यकलापों और इच्छाओं की देखभाल करते रहते हैं। इस कारण नेतृत्व की महत्ता में जो कमी आती है, वह यह बताती है कि जनता या नेता का अनुसरण करनेवाले भी महत्त्व रखते हैं।

नेतृत्व और प्रबंधन लोगों को संगठित करने के दो अलग-अलग तरीके हैं। एक प्रबंधक कार्य के प्रति औपचारिक व तार्किक तरीका अपनाता है, जबकि एक नेता उत्साह और उमंग का उपयोग करता है तथा भावनाओं को उत्तेजित करता है। नेता वह होता है जिसके पीछे लोग अपने आप ही चलने लगते हैं, जबकि एक प्रबंधक की आज्ञा मानना जरूरी होता है। ऐसा हो सकता है कि प्रबंधक ने अपना पद समय बीतने के साथ-साथ और वफादारी के कारण पाया हो, न कि अपनी नेतृत्व-क्षमता से। हो सकता है कि एक नेता के पास कोई संगठनात्मक कौशल न हो, लेकिन उसके उद्देश्यों की कल्पना उसके अनुयायियों को उससे जोड़े रखती है।

एक व्यक्ति, जो नेतृत्व करता है, वह जन्म से ही सतर्क तथा संवेदनशील होता है। वह अपनी टीम के सदस्यों के बारे में जानता है और उनके बीच एक-दूसरे पर विश्वास करने की भावना पैदा करता है। वह असाधारण होने की वजह से अलग ही दिखाई देता है। वह मान्यताओं की सत्यता टटोलता है और परंपराओं पर संदेह करता है। वह सत्य को जानना चाहता है और तथ्यों के आधार पर निर्णय लेता है।

आधुनिक व परिवर्तनशील वातावरण में औपचारिक प्रशासनिक संगठनों का चलन कम हो गया है, क्योंकि इनमें जल्दी से बदलती परिस्थितियों के

साथ अपने को ढाल पाने की क्षमता कम होती है। आजकल अधिकतर व्यापारिक संस्थान और कुछ सरकारी विभाग भी 'नेतृत्व कौशल' को पहचानते हैं तथा उसे प्रोत्साहन देते हैं। जिन कर्मचारियों में वे नेतृत्व-क्षमता पाते हैं उन्हें पदोन्नति से पुरस्कृत भी करते हैं। इस बात को जोर देकर समझाने के लिए हम बिल गेट्स की सफलता की कहानी का उदाहरण दे सकते हैं। उन्होंने माइक्रोसॉफ्ट को आरंभ से ही इक्कीसवीं सदी के संगठन की तरह बनाया और वर्तमान से बीस वर्ष आगे की सोच को ध्यान में रखकर इसे चला रहे हैं। इसकी सफलता के लिए 102 देशों में कार्य कर रहे उनके 76,000 कर्मचारियों को भी इस सोच में भागीदारी निभानी होती है, जिससे 440 करोड़ अमेरिकी डॉलर की वार्षिक आय इस कंपनी को हो सके। यह सब कैसे होता है?

एक प्रभावशाली नेता वह होता है, जो अनुयायियों को ऐसे उद्देश्यों के साथ जोड़े रखता है, जो एक संगठन या समाज में सुधार ला सकते हैं। एक अच्छा नेतृत्व वह होता है, जो 'सच्चे' मूल्य स्थापित कर सके। यह ईमानदारी और विश्वास से ही संभव है। इस प्रकार बदलाव लानेवाला नेतृत्व उस नेतृत्व से अलग होता है, जो सिर्फ व्यावहारिक होता है और सभी हथकंडे अपनाकर अपने समर्थकों की गिनती बढ़ाने पर ही केंद्रित रहता है।

वाद्ययंत्र बजानेवाले समूह के संयोजक को हम एक नेता की गुणवत्ता का वर्णन करने के लिए उदाहरण के तौर पर उपयोग कर सकते हैं। एक प्रभावशाली नेता कुछ अर्थ में वादक दल के संयोजक जैसा हो सकता है। एक नेता का ऐसे लोगों से सामना होता है, जो अलग-अलग तरह के होते हैं तथा उनमें अलग-अलग तरह का हुनर होता है—उनमें से कुछ दृढ़ व्यक्तित्ववाले भी होते हैं और एक उद्देश्य को पूरा करने के लिए अलग-अलग योगदान कर सकते हैं। एक वाद्यवृंद संयोजक की तरह एक नेता अपने समर्थकों की रचनात्मकता को सही ढंग से उपयोग कर सकता है,

अगर वे सब उसके नेतृत्व में विश्वास रखते हैं। एक नेता या संचालक का ऐसा प्रभाव होना चाहिए कि उपलब्धियों पर उसका प्रभाव साफ-साफ आँका जा सके।

नेतृत्व का वैज्ञानिक सिद्धांत,[40] छह निर्णायक सामर्थ्य को नेतृत्व के लिए जरूरी योग्यता और चार क्षमताओं को नेतृत्व के लिए जरूरी परिस्थितियों की तरह चिह्नित करता है। नेतृत्व के लिए जरूरी योग्यताएँ हैं—(1) दूरदर्शिता, (2) मूल्य, (3) समझदारी, (4) साहस, (5) विश्वास और (6) अभिव्यक्ति। नेतृत्व की चार मुख्य परिस्थितियाँ, जो इन क्षमताओं को प्रभावी बनाने के लिए जरूरी हैं वे हैं—(1) एक स्थान, जहाँ एक नेता अपने प्रभाव का प्रयोग कर सके, (2) एक समयावधि, जिसमें वह नेतृत्व-क्षमता दिखा सके, (3) एक पद, जो नेता के अधिकार-क्षेत्र को बनाता है और (4) ऐसे कुछ लोग, जो नेतृत्व चाहते हैं।

एक आदर्श नेतृत्व एक ऐसा नेता दे सकता है, जो अपने संगठन को राकारात्मक दिशा में आगे ले जा सके। जब परिस्थितियाँ सही होती हैं और सभी संसाधनों की उपलब्धता भी हो तो परिणाम संगठन के साथ-साथ पूरे समाज के लिए अच्छा ही रहता है।

एक व्यावसायिक संस्थान के लिए यह आसान है कि वह अपनी आय को आँक सके, लेकिन समाज के लाभ-हानि की गणना कौन करेगा? मैं 'डायलॉग्स ऑफ प्लेटो' (दार्शनिक प्लेटो के कथन) नामक पुस्तक पढ़ रहा था, जिसमें प्लेटो (427-347 ईसा पूर्व) यह विचार प्रकट करते हैं—"राज्य की स्थापना का उद्‌देश्य किसी विशेष वर्ग की खुशियाँ या असमानता नहीं है। यहाँ उद्‌देश्य सभी के लिए अधिक-से-अधिक खुशियाँ अर्जित कराना है। इसी प्रकार, उनके समकालीन व तमिल भाषा के कवि संत तिरुवल्लुवर ने कहा था—"राज्य को परिभाषित करनेवाले गुण हैं—नीरोगी, समृद्ध, अधिक उत्पादकता, मेल-मिलाप से रहना तथा सुदृढ़ सुरक्षा व्यवस्था।" हमें यह पता करना है कि कैसे ये गुण हम अपने समस्त नागरिकों को समानता

के साथ दे सकें, जिससे कि वे खुश रह सकेंगे। इसका परिणाम यह होगा कि हम परेशानी से मुक्त एक शांतिपूर्ण वातावरण में रह सकें। मानव को खुशियाँ कहाँ से मिलती हैं?

सन् 2003 में मैं एक दिन के लिए अरुणाचल प्रदेश के तवांग बौद्ध मठ में गया। वहाँ मैंने देखा कि सभी गाँववालों में एक अद्‌भुत प्रसन्नता है, चाहे इस ऊँचाई पर कड़ाके की ठंड हो। इस बौद्ध मठ में सभी आयु वर्ग के भिक्षु आनंद की मुद्रा में थे। ऐसी स्थिति शहरी जीवन में नहीं पाई जाती। मठाधीश ने इसका जवाब दिया—''आज के समय में अविश्वास के कारण लोगों से उनकी प्राकृतिक खुशी छिन गई है और लोगों ने आक्रामक रवैया अपना लिया है। लेकिन यदि आप अपने मन से 'मेरा' और 'मैं' की भावना निकाल दें तो मानवों के प्रति द्वेष की भावना का अंत हो जाएगा। द्वेष की भावना से विचलित मन में विघटनकारी विचार आते हैं। अगर हमारे मन से विघटनकारी विचार निकल जाएँ तो शांति धीरे-धीरे घर करने लगती है, जो न सिर्फ हर कोशिका तक जाती है, जिससे हमें अच्छा स्वास्थ्य मिलता है, बल्कि वह हमें अधिक सजीव बना देती है। इससे समाज में सिर्फ शांति का ही संचार होगा।''

प्रकृति में बाकी सब चीजों की तरह मानव को भी सब चीजों से ताल-मेल बनाकर चलना चाहिए। समय के उतार-चढ़ाव इस बात का ठोस प्रमाण पेश करते हैं कि आक्रामक विचार या कार्य दोनों का ही कोई अर्थ नहीं है। मानवता ने अच्छे और बुरे दोनों ही तरह के नेतृत्व को देखा है। शायद दोनों को ही विकसित होने में समय लगता है।

मेरे विचार में, सभी नेता अबू बकर (पहले खलीफा 632-634) के व्याख्यान से मार्गदर्शन प्राप्त कर सकते हैं—

> *''मुझे आप सबको नियंत्रित करने का अधिकार दिया गया है। मैं आप सब लोगों में सबसे अच्छा नहीं हूँ। अगर मैं सही कार्य करूँ तो मेरी मदद करना। अगर मैं गलत करूँ तो मुझे सही कर देना।*

सत्य का निष्ठापूर्वक आदर करना वफादारी है और सत्य का अनादर करना विश्वासघात। ईश्वर ने चाहा तो आप सब में जो सबसे कमजोर हैं, जब तक मैं उन्हें उनके अधिकार नहीं दिला देता, वे मेरे साथ रहकर बलवान् हो जाएँगे और अगर ईश्वर ने चाहा तो जो मेरे साथ ताकतवर लोग होंगे, वे कमजोर हो जाएँगे; क्योंकि मैं उन लोगों से वे अधिकार वापस ले लूँगा जो उन्होंने दूसरों से छीने हैं। मेरी बात तब तक मानें जब तक मैं ईश्वर और उसके पैगंबरों की बात मानता रहूँ। अगर मैं ईश्वर और उसके पैगंबरों की बात न मानूँ तो आप मेरी आज्ञा भी न मानें।''[41]

यह कहकर कि 'अगर मैं ईश्वर और उसके पैगंबरों की बात न मानूँ तो आप भी मेरी बात न मानें,' अबू बकर ने स्वर्ग में समरसता की शीर्ष ऊँचाई प्राप्त की।

□

4

कर्म ही जीवन है

इच्छा, प्रेरणा, अनुशासन तथा दृढ़ निश्चय सामाजिक परिवर्तन लानेवाले व्यक्ति और उद्यमी के मुख्य लक्षण होते हैं।[42]

"जैसे-जैसे हमारी नजर कमजोर होती जाती है, आध्यात्मिक समझ बढ़ती जाती है।" इसको ग्रीक दार्शनिक प्लेटो (427-347) ने अपने जीवन के अंतिम समय में समझा था। आइंस्टीन ने ऐसे व्यक्तियों को कमजोर नजरवाला बताया, जो सिर्फ समाचार-पत्र और अपने समय के लेखकों की कुछ चुनिंदा किताबों को ही पढ़ते हैं। वह बहुत ही कमजोर नजरवाला है, फिर भी वह चश्मा लगाना पसंद नहीं करता। वास्तव में उनका मतलब यह था कि एक व्यक्ति को पूरी तरह अपने समय के प्रचलित विचारों और भावनाओं पर निर्भर नहीं रहना चाहिए। अगर वह ऐसा करता है तो शेष अन्य विचारों और भावनाओं को कैसे समझ पाएगा?

अमरीकी उपन्यासकार एडिश वार्टन (1862-1937) के अनुसार, बीमारी और शत्रु द्वारा दिए गए दुःख के बावजूद एक व्यक्ति अपने देहांत के बाद भी जीवित रह सकता है, अगर वह परिवर्तन से न डरे।[43] इसमें

आश्चर्य की क्या बात है कि जिन लोगों ने अपने लिए अनोखी जीवन-शैली अपनाई, वे जीवन के अंतिम समय में उतने रचनात्मक न रहे हों? वे अपने अंतिम समय में भी रचनात्मक क्यों न रहें? अगर आप विकास और तरक्की नहीं कर रहे हैं तो आप स्वयं को नुकसान पहुँचा रहे हैं और यही प्रेम की उत्पत्ति एवं विकास है। इसके लिए 'मैडम क्यूरी' के जीवन से अच्छा कोई उदाहरण नहीं हो सकता।

रेडियोधर्मिता के क्षेत्र में पोलिश-फ्रेंच भौतिक-रसायनशास्त्री मेरी क्यूरी (1867-1934) शीर्ष स्थान पर थीं। बाद में दो बार 'नोबेल पुरस्कार' जीतनेवाली वे पहली विजेता बनीं। विज्ञान के दो विभिन्न विषयों में उनके अलावा किसी और को 'नोबेल पुरस्कार' नहीं मिला। उन्हें सन् 1903 में भौतिकी में विकिरण के विषय पर 'एंथोनी हेनरी बेक्यूरल' (1852-1908) और पति पायरे क्यूरी (1859-1906) के साथ संयुक्त रूप से 'नोबेल पुरस्कार' मिला। सन् 1911 में रेडियम व पोलोनियम की अनुपम खोज के लिए मेडम क्यूरी को रसायन विज्ञान क्षेत्र का 'नोबेल पुरस्कार' मिला। उनकी योग्य पुत्री 'ईरन जूलियट-क्यूरी' ने नए रेडियोधर्मी तत्त्व के विश्लेषण पर कार्य किया और सन् 1935 में रसायन विज्ञान का 'नोबेल पुरस्कार' प्राप्त किया।

प्रथम विश्वयुद्ध के समय, सन् 1914 और 1918 के बीच विश्व में भयानक युद्ध हुआ। यह मुख्यतः यूरोप में हुआ। मैडम मेरी क्यूरी ने पहली चलती-फिरती एक्स-रे मशीन बनाई, जिसने सैन्य-शिविरों में जाकर सैनिकों की शल्य-क्रिया के लिए निरीक्षण किया। वे अपनी अद्भुत याददाश्त और कठिन परिश्रम के लिए जानी जाती थीं। अध्ययन के समय वे खाने और सोने की जरूरतों को नजरअंदाज कर देती थीं। वह रेडियोधर्मी तत्त्वों से भरी परखनली अपनी जेब व दराज में रखा करती थीं, जिसके कारण उनपर विकिरण का बहुत अधिक प्रभाव पड़ा। उनका देहांत 'एप्लास्टिक एनीमिया' के कारण हुआ, जो वास्तव में शोध-कार्य के दौरान उनके शरीर पर रेडियोधर्मिता

के विकिरण से हुआ।

ऐसा उत्साह और दृढ़ निश्चय मदर टेरेसा (1910–1997) में भी देखा जा सकता था। मेरी क्यूरी नए वैज्ञानिक विचारों को सँजोए हुए मृत्यु को प्राप्त हुईं, जबकि मदर ने मरते हुए लोगों को सहारा दिया। उन्होंने कोलकाता के लोगों को यह समझाया कि कोढ़ छूत की बीमारी नहीं है और टीटागढ़ में कोढ़ प्रभावित लोगों के लिए उन्हीं के द्वारा एक स्वावलंबी कॉलोनी बनवाई। नवीन चावला, जिन्होंने उनकी जीवनी लिखी है, लिखते हैं कि उनकी सबसे अच्छी यादों में एक यह है कि एक व्यक्ति जब मदर टेरेसा की गोद में अपनी अंतिम साँसे ले रहा था तो उसने कहा, "पूरी जिंदगी मैं जानवरों की तरह सड़क पर पड़ा रहा और अब मैं एक फरिश्ते की तरह मर रहा हूँ।" उनका इनाम थे वे बच्चे, जो उन्हें कूड़ेदान में मिल जाते थे, जिन्हें अकसर या तो कोई घातक बीमारी होती थी या हाथ-पैर खराब होते थे।

वर्ष 1948 में कलकत्ता के झोंपड़पट्टी इलाके में एक स्कूल की स्थापना से शुरू कर विश्व भर में मिशनरीज ऑफ चैरिटी की स्थापना कर गरीब और जरूरतमंदों को निस्स्वार्थ सेवा देती रहीं। यह संस्था वर्ष भर में पाँचों महाद्वीपों में लगभग 5 लाख भूखे बच्चों को खाना देती है, 2.5 लाख लोगों का इलाज करती है, झोंपड़पट्टी में रहनेवाले 20,000 बच्चों को शिक्षा देती है और मानसिक रूप से बीमार, कोढ़ग्रस्त, एड्स के मरीज, विकलांग व नशे की लतवाले लोगों के लिए आश्रयस्थल उपलब्ध कराती है। हाशिए पर रहनेवाले लोगों के लिए उनकी चिंता अतुलनीय थी। उन्हें वर्ष 1979 में शांति के नोबेल पुरस्कार से सम्मानित किया गया।

इस सेवा को कौन जारी रखेगा? मैं समझता हूँ कि विज्ञान यह कर रहा है। विज्ञान की मदद से हजारों लोगों ने दैवी ऊँचाइयों को छुआ है। अगर हम विज्ञान को सही ढंग से प्रयोग करें तो उतना ही प्रभावी और उपयोगी होगा, जितना मैडम क्यूरी और मदर टेरेसा के कार्य। विज्ञान वास्तव में मानवता के लिए एक उपहार है। इसने विश्व के बुनियादी नियमों को गरीबों

के पक्ष में मोड़ दिया है।

जब सन् 1963 में मैंने इंजीनियरिंग पाठ्यक्रम की जगह भौतिकी को चुना, उस समय भौतिकी पढ़ना गौरव की बात मानी जाती थी। समाज में वैज्ञानिकों की प्रतिष्ठा में गिरावट के कारण अब सिर्फ वही विद्यार्थी विज्ञान पढ़ रहे हैं, जिनको इंजीनियरिंग कॉलेजों में दाखिला नहीं मिलता है। इसी कारण से भारत में विज्ञान की गुणवत्ता पर प्रतिकूल असर पड़ा है। मैंने पाया कि सर सी.वी. रमण (1885–1970) के विचारों की आज और भी अधिक प्रासंगिकता है।

> *''मैं नौजवानों को यह बताना चाहूँगा कि उनको निराश नहीं होना है और साहस से काम लेना है। जो कार्य आपके समक्ष हैं, उन्हें पूरी लगन और साहस से करने पर ही सफलता मिलेगी। बिना इस डर के कि मेरी बात गलत भी ठहराई जा सकती है, मैं विश्वास से कह सकता हूँ कि भारतीयों की बुद्धि का स्तर ट्यूटोनिक, नोरडिक या एंग्लो-सेक्सोन की बुद्धि के बराबर है। हम गें कमी है तो शायद साहस की, हममें कमी है तो इच्छा-शक्ति की, जो किसी को कहीं भी ले जा सकती है। मैं सोचता हूँ कि हममें हीन-भावना पैदा हो गई है। मैं सोचता हूँ कि आज भारत में पराजय की भावना का नाश करने की आवश्यकता है। हमें जीत के उत्साह की भावना की आवश्यकता है। उस भावना की आवश्यकता है, जो विश्व में हमें उचित स्थान दिला सके। वह भावना जो पहचान बनाएगी और निश्चित करेगी कि हम लोग एक गौरवशाली सभ्यता के उत्तराधिकारी हैं, साथ ही धरती पर सही स्थान पाने के पात्र हैं। अगर वह हठी भावना जाग्रत् हो जाती है तो जो हमारे भाग्य में है, उसे लेने से हमें कोई नहीं रोक पाएगा।''*[44]

वास्तव में अनुसंधान से ही शिक्षण बेहतर होता है। शिक्षकों की अनुसंधान

में रुचि और उसमें उनका अनुभव संस्थान की उन्नति के लिए जरूरी है। किसी विश्वविद्यालय के स्तर का अनुमान उसके द्वारा किए गए शोध-कार्य से लगाया जाता है। यहीं से श्रेष्ठता प्राप्त करने की शुरुआत और उसे जारी रखने का क्रम चलता रहता है। शोध का अनुभव शिक्षण की गुणवत्ता बढ़ाता है और अच्छी शिक्षा नौजवानों को शोध करने के लिए प्रेरित करती है।

मैं अब पचहत्तर वर्ष का हूँ। जब मैं स्वयं के और अपने युवा साथियों के कार्य पर नजर डालता हूँ तब इस आधार पर इन सबको चार श्रेणियों में बाँट सकता हूँ कि किस प्रकार वे शारीरिक और वैचारिक क्षमताओं में परिवर्तन का, अपनी आदतों और व्यक्तिगत स्वभाव से, कार्यक्षेत्र के संबंध से या अन्य मुख्य मुद्दों का सामना कर रहे हैं। लोग यह मानते हैं कि एक व्यक्ति की कार्य करने की शारीरिक व मानसिक क्षमता उम्र के साथ कम होती जाती है। बढ़ती उम्र के साथ क्या कोई सकारात्मक परिवर्तन भी होते हैं?

मनोवैज्ञानिक, विशेषकर साइकोमैट्रिक्स[45] (मानसिक शक्ति को मापनेवाले) के क्षेत्र में दो मानसिक क्रियाओं के बीच अंतर करते हैं। एक वह, जिसे वे बुद्धिमत्ता कहते हैं, जो है—शीघ्रता से प्रतिक्रिया करने की योग्यता, जिसमें प्रतिक्रिया करने का समय मापने पर कम पाया जाता है और जिसे जल्दी से तथा सही से नापा जा सकता है। इस योग्यता को मापने के लिए एक व्यक्ति से कहा जाता है कि वह अंकों को या अक्षरों को क्रम से याद रखे, जटिल आकृतियों में छिपे हुए क्रम को पहचाने या तर्कानुसार अथवा दृष्टिगत संबंधों के आधार पर निष्कर्ष निकालने को कहा जाता है। इस प्रकार की योग्यता जन्मजात होती है और सीखने-सिखाने से ज्यादा अंतर भी नहीं पड़ता। इसके विभिन्न घटक चरम पर शीघ्रता से पहुँच जाते हैं और लंबे समय बाद ही इसमें गिरावट आती है। सत्तर वर्ष की उम्र के बाद यह अंतर आमतौर पर आसानी से देखा जा सकता है।

दूसरे प्रकार की मानसिक योग्यता 'दृढ़ योग्यता' के नाम से जानी जाती है, जो स्वाभाविक कौशल सीखने पर आधारित होती है। इसका संबंध

तर्कपूर्ण निर्णय लेने, विभिन्न श्रेणियों में समानताओं को पहचानने, अनुमान व तर्कपूर्ण विचारों का उपयोग करने से है। ये योग्यताएँ शीघ्र प्रतिक्रिया पर आधारित न होकर सोच-विचारकर निर्णय लेने पर आधारित होती हैं और ये समय बीतने के साथ-साथ बढ़ती जाती हैं। कम-से-कम साठ वर्ष की उम्र तक तो ऐसा होता ही है। मेरे अनुभव के अनुसार यही एक ऐसी मानसिक योग्यता है, जो जीवन के नौवें दशक तक भी बढ़ती रहती है और स्थिर रहती है। मैंने दो पूर्व प्रधानमंत्रियों सर्वश्री पी.वी. नरसिम्हा राव (1921-2004) एवं अटल बिहारी वाजपेयी (1924 में जनमे) के साथ काम किया और उनमें इस योग्यता को प्रचुर मात्रा में पाया।

सन् 1993 का वर्ष था। मैं मद्रास विश्वविद्यालय के कुलपति के पद पर नियुक्त किया गया था और प्रधानमंत्री नरसिम्हा राव के कार्यालय में अपने पूर्वाधिकारी और तत्कालीन प्रधानमंत्री के वैज्ञानिक सलाहकार श्री वी.एस. अरुणाचलम के विदाई समारोह में भाग लेने गया था। दूरदर्शी प्रधानमंत्री हम दोनों को देखते रहे और फिर मुझसे पूछने लगे कि मैंने रक्षा अनुसंधान एवं विकास कार्य को क्यों छोड़ दिया? सारी स्थिति को सँभालते हुए मैंने उत्तर दिया कि मेरी उम्र बासठ वर्ष की हो गई है। प्रधानमंत्री लगभग झिड़कते हुए कहने लगे कि मैं बहत्तर वर्ष का हूँ—और फाइल मँगाकर लिख दिया कि अगले आदेश तक मैं रक्षा अनुसंधान एवं विकास संगठन के प्रधान की तरह कार्य करता रहूँगा। इसके अलावा उन्होंने और कुछ नहीं कहा। मैंने सत्तर वर्ष की उम्र तक वहाँ कार्य किया।

नरसिम्हा रावजी 17 भाषाएँ बोल सकते थे और उर्दू-मराठी-हिंदी-तमिल एवं अंग्रेजी ऐसे बोलते थे जैसे वह उनकी मातृभाषा हों। उनकी मातृभाषा तेलुगु थी। उन्होंने कई यूरोपीय भाषाएँ भी सीखी थीं, जो कि सामान्यत: भारत में नहीं बोली जातीं, जैसे—फ्रेंच और स्पेनिश। नरसिम्हा राव सन् 1991 में प्रधानमंत्री बने। उस समय देश की आर्थिक स्थिति अच्छी नहीं थी। प्रधानमंत्री राव ने सोचा कि भारत को आर्थिक परिवर्तन से लाभ

होगा। उन्होंने प्रसिद्ध अर्थशास्त्री डॉ. मनमोहन सिंह को आर्थिक सुधारों के मार्गदर्शन हेतु वित्तमंत्री पद के लिए आमंत्रित किया।

आर्थिक सुधारों के लिए जिस इच्छाशक्ति और समर्थन की जरूरत थी, उसे प्रधानमंत्री राव ने प्रदान की। सन् 1991-2000 तक भारत की अर्थव्यवस्था को औसतन 6 प्रतिशत की विकास दर हासिल हुई और आगे भी ऐसा ही चलता रहा। प्रधानमंत्री राव ने विपक्ष के नेता को विश्व निरस्त्रीकरण सम्मेलन में भारत का प्रतिनिधित्व करने के लिए चुना, जो भारतीय राजनीति के लिए बिलकुल नई बात थी। प्रधानमंत्री अटल बिहारी वाजपेयी ने पिछली सरकार की आर्थिक नीति को जारी रखा और भारतीय अर्थव्यवस्था का परिवर्तन व विस्तार किया। मैंने अप्रैल 1998 के परमाणु परीक्षण और मई से जुलाई 1999 के मध्य हुए कारगिल युद्ध के समय अटलजी की निर्णय-क्षमता एवं निर्णय लेने की योग्यता को देखा। भारत में जनता साधारणतया एक राजनीतिज्ञ को सम्मान व आदर की दृष्टि से नहीं देखती, लेकिन उन्होंने अपने लिए विशिष्ट स्थान बनाया और उसे कायम रखा। मैंने अटलजी के साथ विभिन्न अवसरों पर कार्य किया। अन्य मुद्दों के साथ-साथ उनसे कविताओं पर विचार-विमर्श कर आनंद लिया।

एक व्यक्ति अपने शुरू के वर्षों की अपेक्षा बाद के वर्षों में अनुभव व बेहतर समझ के कारण कुछ चीजों को जल्दी से और पहले की अपेक्षा बेहतर तरीके से प्राप्त कर सकता है। बुजुर्गों में अपने कार्य की चिंता कम होती है। व्यक्तिगत रूप से मैं अचेतन प्रेरणा के मामले में ज्यादा विश्वसनीय हो गया हूँ। अब मैं उतना कठोर नहीं हूँ। मुझमें अब भी उतना ही दृढ़ विश्वास है जितना पहले हुआ करता था और यह मैं अपनी कविता के रचना-गुणों में भी महसूस कर सकता हूँ।

''हम जो कुछ मन की आँखों से देखते हैं, वह
हमें जल्दी ही रुला जाता है, अंततः यह एक
यात्रा है।''

जैसे-जैसे हम बड़े होते जाते हैं, जीवन अपने आप बहुत सी चीजें सिखाता है। सीखना वास्तव में काफी कष्ट साध्य होता है। यह संभावना कि हम गलत हो सकते हैं, हमारे उत्साह को कम कर सकती है। सेवानिवृत्त व्यक्तियों के लिए यह एक बड़ी चुनौती है। बाद के समय में जो सबसे बड़ी गलती वे कर सकते हैं, वह यह है कि नई चीजों के प्रति नकारात्मक रवैया अपनाने लगते हैं। क्या मानव के व्यवहार में कोई चीज स्थायी भी है? हर चीज परिवर्तनशील है। मैं भी उनमें से हूँ, जिनमें परिवर्तन होता है। क्या मानव के कार्यों में ऐसा कुछ है, जो बदलता नहीं है? हम कार्य करने की भौतिक शक्ति और अनुभव आधारित योग्यता को खो सकते हैं। हम सामाजिक पद की प्रतिष्ठा व शक्ति खो सकते हैं।

मैं जीवन को आशा की किरण की तरह देखता हूँ, क्योंकि मैं अपने आपको ऐसे कार्यों में लगाए रखता हूँ, जो रोचक होते हैं। राष्ट्रपति भवन में मैं अपने समय में से काफी समय भिन्न-भिन्न प्रकार के पौधोंवाले उपवन और वैज्ञानिक आधार पर व्यवस्थित जड़ी-बूटियों का बगीचा लगवाने में व्यतीत करता था। मैं शिखर पर चढ़नेवाले उस व्यक्ति के समान आनंदित होता हूँ जैसे वह चोटी पर पहुँचकर अपने पास की ऊँची चोटियों के दृश्य को देखकर खुश होता है। मैं भी अपनी यात्रा में आगे आनेवाले रोचक उद्देश्यों के लिए तैयार रहता हूँ—और यह जीवन यात्रा इसी प्रकार चलती रहती है।

मेरा कार्य इस प्रकार का था, जिसमें मेरी रचनात्मकता को प्राय: चुनौती बाहर से आती थी। दशकों तक एक के बाद एक मनोरंजक और महत्त्वपूर्ण कार्य लगातार सामने आते रहे और उनमें लगे रहने का अवसर मुझे मिलता रहा। मैं जिस कार्य को करता था, उसे एक महत्त्वपूर्ण कार्य की तरह करने का प्रयास करता था। सात वर्षों तक श्री अरुण तिवारी (जन्म 1955) मेरी पुस्तक 'अग्नि की उड़ान' को पूरा करने के लिए कोशिश करते रहे। लेकिन कई अन्य आवश्यक कार्यों के चलते हम दोनों यह नहीं कर

पाए। बाद में जब मैं भारत सरकार का मुख्य वैज्ञानिक सलाहकार बना तब मैं जिस कार्य को करता उसी को प्राथमिकता देता और उससे प्रेरित रहता था। इंडिया विजन 2020 के विचार ने उन्हीं दिनों मेरे मानस में जगह बनाई। हालाँकि मेरे साथ वाई.एस. राजन (1943 में जनमे) वैज्ञानिक सचिव की तरह कार्य कर रहे थे।

जिस दिन मैं सत्तर वर्ष का हुआ, प्रधानमंत्री श्री अटल बिहारी वाजपेयी से मिला और अन्ना विश्वविद्यालय जाकर जीवन का शेष समय शिक्षा-शिक्षण के वातावरण में रहकर व्यतीत करने की अनुमति माँगी। बीते समय में मैंने कुछ उपलब्धियाँ पाई थीं, लेकिन यह सब बीते समय की बात है और मुझे खुशी थी कि मैंने अच्छा कार्य किया। लेकिन कब तक मैं उन उपलब्धियों से आनंदित रहता? पिछली सफलता ने शायद ही मेरे ऊपर कोई छाप छोड़ी हो। उन दिनों मैं विद्यालयों में जाता था और बच्चों से मिलता था। मैं युवाओं के मन-मस्तिष्क को जगाना चाहता था और अपनी सारी ऊर्जा इस बात पर केंद्रित करता था।

प्रतिदिन के कार्यकारी जीवन व नौकरी के बाद मैं पूरी तरह से युवाओं के लिए क्रियाशील व प्रभावी रहने की इच्छा रखता था और इसीलिए उन तथ्यों पर कार्य करने लगा, जिससे युवाओं के मस्तिष्क पर ऐसा प्रभाव पड़े, जो शिक्षा प्राप्त करने के दौरान ही नहीं, बल्कि उनके समस्त जीवन और भविष्य में भी काम आए। तभी मैंने यह समझा कि सीखने की प्रक्रिया जीवन भर चलती रहती है। मुझे कुछ और भी सीखना चाहिए।

डेनमार्क व जर्मनी के मनोवैज्ञानिक एरिक एरिक्सन (1902-1994) के अनुसार, एक व्यक्ति अपने जीवनकाल में आठ मनोवैज्ञानिक अवस्थाओं से गुजरता है।[46] हर अवस्था में एक मनोवैज्ञानिक संकट जरूर आता है। प्रथम अवस्था में, जो जन्म से एक वर्ष तक चलती है। उसमें मनोवैज्ञानिक संकट विश्वास और अविश्वास का होता है। बच्चा माँ को अपनी आँखों से बिना किसी चिंता के ओझल होने देता है और फिर गुस्सा करता है, क्योंकि

आंतरिक तौर पर उसे पता है कि वह उसकी माँ है। साथ-ही-साथ उसे यह भी पता है कि माँ को मुझसे अलग होकर अन्य कार्य भी करने हैं। विश्वास और अविश्वास का संतुलन मातृत्व के स्तर पर निर्भर करता है।

इसके बाद के वर्षों (एक से तीन वर्षों) में मनोवैज्ञानिक संकट अपनी इच्छा से कार्य करने और लज्जा व शंका के बीच होता है। इस उम्र में बच्चे सोचते हैं कि क्या उन्हें किसी से सहायता लेने की जरूरत है? ऐसे में माता-पिता का व्यवहार बच्चे के व्यक्तित्व की रूपरेखा तय करता है। अगर उसे नकारात्मक व्यवहार मिलता है तो वह शरमीला हो जाता है, जिससे उसकी प्राकृतिक व स्वाभाविक प्रवृत्तियाँ दब जाती हैं। एक ही व्यक्ति से अलग-अलग व्यवहार मिलने के कारण शंका पैदा हो जाती है। बड़ों के दोतरफा व्यवहार के कारण बच्चा उलझन में पड़ जाता है। अगर माता-पिता ध्यान देकर अपनी देख-रेख से इस भ्रम को दूर न करें तो यह एकदम से मनोविकृति में बदल जाता है, जिसे 'भ्रांति रोग' कहते हैं। कभी-कभी ये भ्रम जीवन भर क्रियाशील रहते हैं।

बचपन के तीन से पाँच वर्ष के समय में पहल करने और अपराध-बोध के बीच संघर्ष पैदा होता है। अपने आप हिल सकने की क्षमता, बच्चा नई-नई मानसिक और चलने-फिरने की क्षमता पर खुश होता है। यह प्रश्न मन में पैदा हो जाता है कि मेरे कार्य कितने नैतिक हैं।

पाँच से ग्यारह वर्ष के बीच यह प्रश्न पैदा होता है कि मैं जो कर रहा हूँ, क्या उसे करने में मैं अच्छा हूँ? विकास के लिए यह महत्त्वपूर्ण हो जाता है कि बच्चा स्कूल में कैसा कार्य कर रहा है। इस उम्र में कार्य करने और हीनता के बीच संघर्ष होता है। इन वर्षों में बच्चा कार्य को नियम से करनेवाला बन सकता है।

युवावस्था में चिंता का एक नया विषय होता है कि दूसरों को हम कैसे दिख रहे हैं? स्व की पहचान एक अर्जित विश्वास है, इससे स्वयं की आंतरिक समानताएँ एवं पहले से मौजूद निरंतरताओं का दूसरों की समानताओं

एवं निरंतरताओं से संबंध खोजा जाता है। ग्यारह से अठारह वर्ष की उम्र में पहचान बनाने और समाज में अपनी भूमिका निभाने के बीच संघर्ष चलता रहता है।

वयस्काअवस्था के आरंभ में यानी अठारह से चौंतीस वर्ष की उम्र में एक-दूसरे पर निर्भरता का बोध होने लगता है। बच्चा बड़ा होते-होते नजदीकी रिश्तों से दूर हो नए रिश्ते बनाता है। इस समय अकेले पड़ जाने और चरित्र संबंधी समस्याओं का खतरा बना रहता है। यह समय शरीर और मन के बीच द्वंद्व का समय है।

सोलहवीं सदी के ब्रिटेन के कवि जॉन डोने (1672-1831) ने लिखा है—

"आपका मन तकदीर, संभावना और राजा का दास है।
ओ निराश व्यक्ति!
तुम्हारे शरीर में थकान और कमजोरी ने घर बना रखा है और ये जहर की तरह काम कर रही हैं।"[47]

वयस्काअवस्था का मध्यकाल यानी पैंतीस से साठ वर्ष की उम्र उत्पादकता और स्थिरता में से एक का चुनाव करने का होता है। उत्पादकता है—अगली पीढ़ी को दिशा व मायने देना। बच्चों की मदद करना या उनके सफल होने की इच्छा रखने से उत्पादकता का लक्ष्य पूरा नहीं होता। समाज के आवश्यक कार्यों हेतु साधन निर्माण भी उत्पादकता के दायरे में हैं। जीवन-चक्र की इस अवस्था में रचनात्मकता ही मुख्य कार्य है।

वयस्काअवस्था के बाद के दिनों में साठ वर्ष से मृत्यु पर्यंत मनोवैज्ञानिक संकट आत्मा की सच्चाई और आत्मा में निराशा के प्रभुत्व के बीच होता है। आत्मा की सच्चाई का अर्थ उसकी शांति बनाए रखने की क्षमता से होता है। निराशा का अभिप्राय स्वयं की मृत्यु से है और स्वयं की कार्यक्षमता, मित्र व सगे-संबंधियों को खो देने से है। एरिक्सन बताते हैं कि उन लोगों को

जीवन से डर नहीं लगता, जिनके बुजुर्गों में आत्मविश्वास होता है और मृत्यु का डर नहीं होता। अब स्वयं का विश्लेषण करना ही मुख्य कार्य है। अगर इसे सही तरीके से अपनाया जाए तो यह जीवन को पूर्ण बनाता है, यानी स्वयं के तथा दूसरों के साथ एकता की भावना। रोजमर्रा के कार्यों से समझदारी आती है। मृत्यु एक सच्चाई है, यह सोच जीवन में अकेलेपन के साथ-साथ स्फूर्ति भी लाती है। बुद्धि को तेज व उसकी ऊर्जा को प्रोत्साहित करना नए कर्तव्य एवं कार्यों की तरफ ऊर्जा लगाना और मृत्यु के लिए एक दृष्टिकोण विकसित करना हमारी मदद करता है। ब्रिटिश कवि रॉबर्ट ग्रेव ने लिखा है—

> *''मृत्यु आने से पहले, जबकि वास्तव में मृत्यु आई नहीं होती,*
> *बच्चों को खेलते हुए देखते हैं।*
> *गुलाब, आसमान और ढोल की तरफ देखते हुए इसमें कोई शक नहीं कि हम पागल हो जाएँगे और इसी तरह हम मर जाएँगे।''*[48]

मैं इससे जो कुछ समझता हूँ वह यह है कि अगर हम लंबे समय तक जिंदा रहें और बीते समय की सभी बातों के बारे में सोचें, जैसे—जीने लायक पहचान, एक घनिष्ठ और संतोषजनक मित्रता, बच्चों को जन्म देकर वंश-क्रम आगे बढ़ाएँ तथा उनके पालन-पोषण में अपने संस्कार दें, तब भी एक कार्य रह जाता है। यह कार्य है, बीते समय की समस्त घटनाओं को जोड़कर एक अर्थपूर्ण कहानी बनाना और जीवन के अंतिम समय में अपने से यह समझौता करना कि हमने सब ठीक किया।

यहाँ पर दो बातें सामने आती हैं। पहली यह कि यह एक व्यक्ति के जीवन के बारे में है। जीवन वास्तव में एक उपहार है। इसमें कोई शक नहीं कि एक व्यक्ति के विकास में और जो कुछ संभव है उसे पाने में अनिश्चितता, संदेह और डर रुकावट पैदा करते हैं। ब्रिटिश दार्शनिक बर्ट्रेंड रसेल (1872-1970) ने लिखा है—''सबसे महत्त्वपूर्ण यह सिखाना है कि पूर्ण निश्चितता

के बिना कैसे जिएँ और फिर भी संकोच आपको निष्क्रिय न बना पाए।"

दूसरी बात सामाजिक जीवन के विषय में है। वास्तव में जीवन मानवीय संबंधों और आचरण के जाल में बँधा हुआ है। यह जाल आँखों से जैसा दिखता है उससे कहीं ज्यादा बड़ा होता है, जिसमें परिवार, मित्र, कार्य करनेवाले साथी, समाज और बहुत सी चीजें होती हैं। कहीं पर भी किसी प्रकार की समस्या कई गुना बढ़ सकती है। समाज में परस्पर सहयोग जरूरी है और शिक्षा-प्रणाली को इसी आधार पर कार्य करना चाहिए। जॉर्ज बर्नार्ड शॉ ने लिखा है—

> *"एक सभ्यता की स्थिरता इस समझ पर निर्भर करती है कि वे अपने संसाधनों को किस तरह बाँटते हैं, मजदूरों को कार्य सौंपते हैं और सत्य के आधार पर बच्चों को निर्देशित करते हैं। हम अपने बच्चों को झूठ बोलना सिखा देते हैं और फिर उनको सजा देते हैं, जो बच्चों को जाग्रत् करना चाहते हैं।"*[49]

अल्बर्ट आइंस्टीन ने समाज की असमानता की बात को और आगे बढ़ाया और लिखा—

> *"एक व्यक्ति को पूरी तरह अयोग्य बना देने को मैं पूँजीवाद की सबसे बड़ी बुराई मानता हूँ। हमारी पूरी शिक्षा व्यवस्था इस बुराई से ग्रसित है। वास्तविकता से अधिक मात्रा में स्पर्धा की भावना विद्यार्थी में भर दी जाती है। उसे प्रशिक्षण दिया जाता है कि वह सम्मानपूर्वक सफलता की इच्छा रखे और अपना भविष्य बनाए। हर व्यक्ति में अपनी स्वयं की योग्यता बढ़ाने के साथ-साथ शिक्षा व अपने साथियों के लिए जिम्मेदारी की भावना होनी चाहिए, न कि वर्तमान समाज में शक्ति और सफलता का यशगान करने की।"'*

मैं समझता हूँ कि शिक्षा के दो मुख्य कार्य हैं। पहला यह कि एक व्यक्ति को एक स्वतंत्र व्यक्ति की तरह शिक्षित करो, जिससे वह गहनता से सोच सके और उन तरीकों को पहचान सके, जो उसके लिए सत्य हैं। दूसरा यह कि एक व्यक्ति को ऐसे शिक्षा दो जैसे कि वह समाज का अंग है। हमने समाज और वातावरण से बहुत कुछ लिया है। उसे वापस देने की जिम्मेदारी भी हमारी है।

हम सभी को पहले देने का कार्य करना चाहिए, तब कुछ लेने की अपेक्षा करनी चाहिए। इसीलिए मैंने भौतिकी एवं दर्शन का अध्ययन शुरू किया और सभी महान् दार्शनिकों को पढ़ा। मेरा यह विश्वास है कि इस ग्रह पर प्राकृतिक चीजों को नष्ट किया जा रहा है और सच तो यह है कि यह मानवता के लिए बहुत ही खतरनाक है, जो बिना सोचे-समझे किया जा रहा है।

अप्रैल 2007 में मैं सिद्धगंगा मठ (डमकुट, कर्नाटक) गया, जहाँ पूजनीय श्री श्री शिवकुमार स्वामीजी का सौवाँ जन्मदिवस मनाया जा रहा था। स्वामीजी के योगदान को देखते हुए 'देने' के विषय पर मुझे एक संदेश सूझा—देने से ही लेना संभव है, क्योंकि देने से ही हम किसी को भागीदार बनाते हैं। भागीदार बनाने से ही खुशी मिलती है। खुशी से ही उपजती है देखभाल करने की भावना। अगर आपके पास ज्ञान है तो उसे बाँटो। अगर आपके पास कुछ संसाधन हैं तो उन्हें औरों में बाँटो। जिन लोगों को कुछ नहीं मिला है, उनके साथ योगदान करो।

क्या हम प्रकृति से पैदा हुए हैं? क्या हम जीवित रहने के लिए प्रकृति पर निर्भर नहीं हैं? वातावरण के परिवर्तन और विश्व भर में तापमान का बढ़ना ही चिंता का विषय नहीं है। चिंता है—भोजन की, जो हम खाते हैं; हवा की, जिसमें हम साँस लेते हैं और पानी की, जो हम पीते हैं। ये सभी चीजें प्रकृति से पैदा होती हैं। मानवता इसी वातावरण से उपजी है। अब इस बात की चिंता है कि हमारे विकास की भी सीमाएँ हैं कि हम किस हद तक

वातावरण को बदलें कि वह हमारे प्रतिकूल न बन जाए। बहुत सी ऐसी बीमारियाँ अब पाई जाने लगी हैं जो पहले नहीं थीं—यह सब पर्यावरण संरक्षण को नजरअंदाज करने और जीने के अप्राकृतिक तरीकों की वजह से ही है। मौसम में भारी बदलाव के कारण प्रतिकूल प्रभाव दिखाई दे रहे हैं। मानव प्रकृति के विपरीत कैसे जाने लगा? यह कब शुरू हुआ?

सितंबर 2006 में मैंने केरल के संतीगिरी आयुर्वेद मेडिकल कॉलेज का भ्रमण किया। चतुर्थ वर्ष के एक विद्यार्थी गोपालकृष्णन ने मुझसे पूछा, ''क्या आप समाज में वर्षों पुरानी परंपराओं और मूल्यों में गिरावट देख रहे हैं, क्योंकि अधिकतर लोग 'पश्चिम का अनुसरण' करना चाहते हैं?''

मैंने उत्तर दिया, ''पश्चिमी देश वास्तव में औद्योगिकीकरण की नीति पर कार्य करते हैं। भारत को भी अपने उद्योगों को सँभालना होगा। कृषि इतना धन नहीं दे सकती कि हम 100 करोड़ लोगों को बेहतर जीवन-स्तर दे पाएँ। जो चीज हमें पश्चिमी सभ्यता से नहीं लेनी चाहिए, वह है अपने को दूसरों से अधिक अहमियत देने की सोच। यह कौन सुनिश्चित करेगा?''

शिक्षण संस्थाओं में अच्छे शिक्षकों द्वारा सप्ताह में एक दिन एक घंटे की कक्षा नैतिक मूल्यों को विकसित करने के लिए होनी चाहिए। जब मैं सेंट जोसेफ कॉलेज, त्रिचिरापल्ली में पढ़ता था, मुझे जैस्यूट संस्थान के वरिष्ठ अधिकारी फादर रेक्टर कालाथिल द्वारा पढ़ाए गए पाठ याद हैं। हर सप्ताह सोमवार को एक घंटे की कक्षा में बीते हुए कल व उस समय के अच्छे मनुष्यों के बारे में वार्त्ता किया करते थे कि हम एक अच्छा मनुष्य कैसे बन सकते हैं? इस कक्षा में वे महात्मा बुद्ध, कन्फ्यूशियस, सेंट अगस्टीन, केलिफ ऑमर, महात्मा गांधी, आइंस्टीन, अब्राहम लिंकन एवं कुछ वैज्ञानिक विभूतियाँ पर व्याख्यान देते थे और हमारी विरासत में मिली सभ्यता से उनका संबंध बताते थे। यह आवश्यक है कि स्कूल और कॉलेज को संस्था के विद्वान् शिक्षक द्वारा ऐसे व्याख्यान की व्यवस्था करनी चाहिए

कि सप्ताह में एक बार एक घंटे भारतीय सभ्यता की विरासत एवं नैतिक मूल्यों पर चर्चा हो।

अगर व्यक्ति जीवन के बाद के वर्षों में पीछे की ओर दुःख और व्याकुलता से देखता है, अपने द्वारा किए गए चुनाव को स्वीकार करने में असमर्थ पाता है और दूसरे अवसर की इच्छा करता है तो इसका मुख्य कारण आरंभ के जीवन में सही शिक्षा का न होना है। सफल जीवन से ही सफल वृद्धावस्था आती है। वृद्धावस्था वास्तव में विरासत को पूरा करने के लिए जरूरी है, क्योंकि यह जीवन को आवश्यक महत्त्व देती है। यह मैंने अपने पिताजी में देखा, जो एक सौ तीन वर्ष जीवित रहे और जिंदगी से मोह किए बिना भी जीवन के प्रति पूरी तरह सक्रिय एवं चेतन रहे। जितने भी शक्तिशाली और ज्ञानी व्यक्तियों से मैं मिला, उनमें वह सबसे आगे थे।

□

5

मन की उमंग

इतिहास में हर देश शुरुआत में कुछ गंभीर और महान् ज्ञानियों के इर्द–गिर्द ही घूमता रहता है।[51]

मैं जैफ हैसलहर्स्ट (1959 में जनमे) की वेबसाइट देख रहा था, जो वास्तविकताओं के क्रियाशील होते हुए भी एक साथ रखकर समझने के लिए एक वैज्ञानिक मंच देने के लिए बनाई गई है।[52] हैसलहर्स्ट मानव प्रकृति में मुख्य रूप से दो तरह की समस्याएँ देखते हैं। पहली यह कि मानव की प्रकृति मन में कैद है। दूसरी बात यह है कि मानव प्रकृति का मुद्दा धन के मामले में फँसा हुआ है। जो लोग व्यवसाय में लगे हैं, उन्हें तो बाजार के हिसाब से चलना ही होगा। किंतु जो लोग शिक्षा के क्षेत्र को जीविका की तरह अपनाते हैं, वे निश्चितता और समृद्धि की ओर रुख करते हैं। इस कारण से शिक्षा से जुड़े लोग और वैज्ञानिकों को नए ज्ञान को खोजने में समस्या का सामना करना पड़ता है।

हम लोग वास्तविक विश्व के थोड़े से हिस्से को ही समझ पाते हैं, जो हमारे मन में रहता है और मन उसी को चित्रित करता रहता है। उदाहरण

के लिए, वास्तव में आकाश नीला नहीं है। ऐसा यह इसलिए दिखाई देता है, क्योंकि हमें कुछ निश्चित फ्रीक्वेंसी की किरणें ही इससे आती हुई दिखाई देती हैं, जो नीली होती हैं। इसी तरह हम तो चीजों को अलग-अलग देखते हैं, परंतु भौतिक विज्ञान यह बताता है कि विश्व में सभी चीजें अति सूक्ष्म रूप में आपस में जुड़ी हुई हैं। उदाहरण के लिए, चंद्रमा पृथ्वी का चक्कर लगाता है और पृथ्वी सूर्य का।

प्राचीन ग्रीक दार्शनिकों ने यह दावा किया कि कोई वर्णन सत्य है या झूठ, यह सिर्फ इस बात से निर्धारित होता है कि वह निष्पक्ष वास्तविकता से कैसे संबंधित है और क्या वह वास्तविकता का सही वर्णन करता है। फिर यह दावा किया गया कि विभिन्न घटकों को पूरी प्रणाली में आपसी सामंजस्य की स्थिति को सत्य माना जाए। फिर यह माना गया कि सत्य सामाजिक प्रक्रियाओं से बनता है, ऐतिहासिक व सांस्कृतिक दृष्टि से विशिष्ट होता है और अलग-अलग हिस्सों में एक समुदाय के अंदर के विभिन्न घटकों के संघर्ष से बनता है। यह भी कहा गया कि सत्य को पूर्ण रूप से परिभाषित करने के लिए उसमें भविष्य का संदर्भ होना जरूरी है।[53]

सदियों से संत हमें सचेत करते रहे हैं कि सत्य अगर हमें प्रस्तुत भी किया जाए तो भी हम उसे नहीं समझ सकते, क्योंकि जो सत्य है, उसकी हमने उम्मीद नहीं की और न ही हम उसे सुनना चाहते हैं। ऐसा नहीं है कि सत्य हमारे लिए तैयार नहीं है, बल्कि हम उसके लिए तैयार नहीं हैं। आजकल की भाषा में इसे 'पसंद करना' कहते हैं। उसे पसंद करना जो हमारे जैसा लगता है या हमारे लिए परिचित है बजाय उसके जो कुछ अलग है चाहे वह 'अलग' सत्य या पवित्र ही क्यों न हो।

भारतीय और चीनी सभ्यता के बौद्धिक अक्खड़पन ने इन देशों को दशकों तक इस सत्य की समझ से दूर रखा कि औद्योगिकीकरण व आधुनिक विज्ञान को अपनाना जरूरी है और उन्हें इस कारण से नुकसान उठाना पड़ा। राजनीतिक समझ व जिम्मेदारी की कमी भी इसका बड़ा कारण रही। लेकिन

अब पिछले कुछ दशकों में इन देशों ने पश्चिमी देशों के धनार्जन के तरीकों से डरना छोड़ दिया है और अपने विकास के रास्ते खोल लिये हैं। भारत के ज्ञान पर आधारित समाज और चीन की औद्योगिक आधार की मजबूती अब सामने आने लगी है।

भारत में हमारे पास 100 करोड़ की आबादी में कॉलेज जानेवाले 50 लाख युवा हैं। अगर हम अमेरिका से तुलना करें तो हमारे पास कहीं अधिक युवा विभिन्न कॉलेजों में पढ़ रहे हैं। हमारे छात्र विदेशों में बहुत अच्छा कार्य कर रहे हैं। नासा जैसे संस्थान व माइक्रोसॉफ्ट जैसी कंपनियों में भारतीय छाए हुए हैं। अभी बहुत बड़ा क्षेत्र विकसित नहीं हुआ है और हमारे पास बहुत बड़ी ग्रामीण आबादी है, जिसके पास उच्च शिक्षा के साधन नहीं हैं। पीटर ड्रक्टर (1909–2005) ने यह माना कि भारत ने ग्रामीण आबादी को शहरों में रोजगार के अच्छे अवसर उपलब्ध कराए हैं। भारत की कुल आबादी में ग्रामीणों का अनुपात 90 प्रतिशत से घटकर 54 प्रतिशत रह गया है।[54]

कुछ प्रतिष्ठित संस्थानों को छोड़कर हमारे शैक्षिक संस्थानों की गुणवत्ता वास्तव में चिंता का विषय है। आजकल गुणी विद्यार्थी विज्ञान की तरफ आकर्षित नहीं हो रहे हैं। पिछली बार 1983 में हमें विज्ञान में नोबेल पुरस्कार मिला था। आजकल सूचना तकनीक में कुशलता पाने की होड़ लगी हुई है और अच्छी आय की संभावनावाले सेवा क्षेत्र की ओर भी लोग आकर्षित हो रहे हैं। पर क्या हमारे नौजवान वास्तव में शेष विश्व के साथ कदम मिलाकर चल पा रहे हैं और इक्कीसवीं सदी की वैश्विक अर्थव्यवस्था से निबटने के लिए तैयार हैं? क्या हमारी शिक्षा-प्रणाली सही ढंग से काम कर रही है?

भारतीय शिक्षा-प्रणाली की आलोचना की जाती है कि वह समाज की आकांक्षाओं पर खरी नहीं उतर रही है और नौजवानों को जीवन की मूल चुनौतियों का सामना करने के योग्य नहीं बना पा रही है। केवल अमीर और अमीर परिवार के बच्चे ही अच्छे स्कूलों में पढ़ पाते हैं, जहाँ सबकुछ पैसे से चलता है। जो शिक्षा आज एक औसत भारतीय बच्चे को मिल रही है,

वह उस स्तर से बहुत निम्न है, जो एक विकसित देश को बनाने के लिए चाहिए।

पद्मा शार्ङ्गपाणि[55] आजकल के विद्यार्थियों को 'अजंतान वेस्तोस', यानी जो अभी तक पता नहीं है, उसे पता करना चाहनेवाले बताती हैं, जैसे कि वे ब्रह्मांड के तीसरे मिलेनियम के एक छोर पर खड़े होकर निडरता से, लेकिन नम्रतापूर्वक इसको सही अर्थ देना चाहते हैं और इसके लिए तैयारी करना चाहते हैं। उनकी समस्याओं को सुलझाने के लिए हमें एक ऐसी शिक्षा-प्रणाली के बारे में सोचना होगा, जिससे रोजमर्रा के लिए जरूरी शिक्षा के साथ-साथ गंभीर विषयों की शिक्षा भी दी जाए, यानी सांसारिक और वास्तविक शिक्षा या दूसरे शब्दों में कहें तो किताबी शिक्षा और जीवन के लिए उपयोगी शिक्षा दोनों साथ-साथ चलें।

भारत में महान् दार्शनिक व शिक्षक जनमे हैं। मैंने रवींद्रनाथ टैगोर (1861-1941), स्वामी विवेकानंद (1863-1902), श्रीअरविंद (1872-1950) तथा जिद्दू कृष्णमूर्ति (1895-1986) के लिखे हुए लेखों को पढ़ा है और सर सईद अहमद खान (1917-1998) तथा पं. मदनमोहन मालवीय (1861-1946) पर काफी चर्चा की है, जिन्होंने क्रमशः अलीगढ़ मुसलिम विश्वविद्यालय और बनारस हिंदू विश्वविद्यालय की स्थापना की। इस पुस्तक के विषय के संदर्भ में बात करें तो रवींद्रनाथ टैगोर और जिद्दू कृष्णमूर्ति दो अलग-अलग और परस्पर विरोधी बातें करते हैं। रवींद्रनाथ टैगोर ने माना है कि संस्कृति एक ऐसा माध्यम है, जिसमें एक व्यक्ति अपनी बात कहने की क्षमता पाता है और कृष्णमूर्ति का विचार है कि संस्कृति एक रुकावट है, जिसको पार करके ही बड़ी खोज की जा सकती है। इन दोनों ध्रुवों के बीच भी हमें बहुत सारे विचार मिलते हैं।

कृष्णमूर्ति ने ब्रह्मवादी समाज में काफी कम उम्र में अपने जीवन की शुरुआत की। सन् 1925 में अपने भाई के देहांत के बाद उनकी भावनाएँ जाग्रत् हुईं—

"एक पुराना सपना अब समाप्त हो गया है और एक नया जन्म ले रहा है, जैसे कि एक पौधा धरती के अंदर से निकलता है। एक नया दृश्य बन रहा है और एक उच्च स्तरीय चेतना आकार लेकर सामने आ रही है ··· अब एक नई मजबूती रगों में दौड़ रही है। गुजरे समय में सही पीड़ा के कारण ही जनमी है यह नई समझ और सहानुभूति ·· दूसरों की पीड़ा कम करने की इच्छा में बढ़ोतरी और अगर उन्हें पीड़ा भोगनी ही है तो यह सुनिश्चित करना कि वे इसे महानता से सहन कर पाएँ और अंत में इन कष्टों की स्मृतियाँ कम ही शेष रहें। मैं तो पीड़ा के कारण आँसू बहा चुका हूँ, किंतु यह इच्छा है कि अन्य लोग न रोएँ।"[56]

जे. कृष्णमूर्ति का विस्तृत दर्शन स्पष्ट है, किंतु जटिल है। उन्होंने अलग से स्पष्ट तौर पर किसी स्थिति का वर्णन नहीं किया, बल्कि उनकी समझ उनके दर्शन को चारों ओर से बाँधे हुए दिखाई देती है। उन्होंने समझा कि एक व्यक्ति के अलग-अलग चेहरे होते हैं (जैसे—बुद्धि, भावनाएँ, भूख, शरीर आदि) उन्होंने कहा कि कोई एक चेहरा व्यक्ति को संपूर्ण रूप से परिभाषित नहीं करता। सभी चेहरे अलग-अलग पहलुओं की तरह मिलकर एक व्यक्ति को पूर्ण रूप से परिभाषित करते हैं। मानवों के पास मन के साथ-साथ मस्तिष्क—दो अलग-अलग चीजें होती हैं, लेकिन दोनों ही वास्तविकता के बारे में विचारों के बारे में बात करते हैं, न कि वास्तविकता के बारे में। उदाहरण के लिए, भ्रष्टाचार की बुराई करना एक विचार है, किंतु हम अपने रास्तों को आसान बनाने के लिए रिश्वत से नहीं हिचकिचाते। यही भ्रष्टाचार की वास्तविकता है।

भौतिक रूप से मस्तिष्क ही स्नायुतंत्र का केंद्र है। यही अंग इंद्रियों को समझता है। इसलिए यही इंद्रियों, स्मृति, तार्किक शक्ति व बौद्धिक ज्ञान के बीच समन्वय के लिए जिम्मेदार होता है। मन, जो भौतिक रूप में नहीं

होता, वह अंतर्ज्ञान से संबंध रखता है—ऐसा दृष्टिकोण, जो दृश्य को समर्पित नहीं होता, करुणा और गहरी बुद्धिमत्ता—यही सब जीवन के वास्तविक उद्देश्य हैं और इसीलिए शिक्षा के भी। यह सही है कि एक व्यक्ति को ठीक ढंग से कार्य करने के लिए एक मस्तिष्क चाहिए, जैसे उसे एक हृदय या जिगर चाहिए होता है, लेकिन ठीक ढंग से कार्य करने तथा अच्छाई एवं नेकी से परिपूर्ण जीवन का वास्तविक स्रोत मन ही है। ऐसी बेमेल जोड़ी में मस्तिष्क मन में कोई सुधार नहीं कर सकता। जो कर सकता है, वह यह कि जिस स्थिति में मन अटक गया है, उस स्थिति में उसे आजाद कर दें और उन गतिविधियों से आजाद कर दें, जो मन को ठीक से कार्य करने में बाधा डालती हैं—जैसे घृणा, डर, घमंड आदि। मस्तिष्क को यह सब कर पाने में मदद करना भी शिक्षा का ही कार्य है, न कि मात्र जानकारियाँ इंकट्ठा करना। श्री कृष्णमूर्ति के विचार में—शिक्षा को इस ओर ध्यान देना चाहिए कि मन का पूर्ण विकास हो सके, वह फूल की तरह खिल सके।[57]

मानव मस्तिष्क अकसर चीजों को घटकों के रूप में देखता है। मस्तिष्क का यह सीखना बहुत जरूरी है कि जब तक आवश्यक न हो हम चीज को पूर्ण रूप में न कि अलग-अलग घटकों के रूप में देखें। इस प्रकार मस्तिष्क और मन दोनों के पास होने से मनुष्य ब्रह्मांड में साधारण से लेकर विशेष प्रकार तक कई स्तरों पर भाग ले सकता है। उदाहरण के लिए, एक फूल के लिए वास्तविकता यह है कि वह गुलाब है या चमेली या एक अस्तित्ववादी की तरह एक व्यक्ति सबसे विशिष्ट वस्तु को वास्तविक मान सकता है। मनुष्य के बारे में श्री कृष्णमूर्ति कहते हैं कि एक व्यक्ति इन दोनों सिरों पर कार्य करने की क्षमता के साथ-साथ उन्हें एक साथ करने की क्षमता भी रखता है।

कृष्णमूर्ति शिक्षा को तीन चरणों की एक प्रक्रिया मानते हैं।[58] सबसे पहले यह मनुष्य के मौलिक व्यवहार को व्यवस्थित करती है। फिर मनुष्य को एक मानकर शिक्षित किया जाता है और अंत में एक व्यक्ति को समाज,

मानवता व प्रकृति आदि का हिस्सा मानकर शिक्षित किया जाता है। इसलिए शिक्षा जीवन के किसी एक हिस्से की तैयारी तक सीमित नहीं, बल्कि पूरे जीवन की तैयारी के लिए और जीवन के गूढ़ पहलुओं के बारे में है कि वे इस ब्रह्मांड में कुछ उद्देश्यपूर्ण कार्य कर जाएँ।

एक शिक्षा-प्रणाली का क्या उद्देश्य होना चाहिए? यकीनन स्कूल और कॉलेज ज्ञान के ऐसे केंद्र बनें जहाँ जीवन को सुख या आत्मकेंद्रित गतिविधियों की तरह नहीं समझाया जाए, बल्कि कार्य को सही ढंग से करने, संबंधों की गहराई, सौंदर्य एवं जीवन की पवित्रता को समझाया जाए।

यह सुनिश्चित करने से कि युवा ज्ञान व कौशल प्राप्त कर लें और उन्हें सामाजिक सीमाओं व समय की माँग के बारे में भी शिक्षित कर देने से अनचाहे प्रभावों से रहित अर्थपूर्ण विकास तथा वास्तविक भौतिक बदलाव नहीं लाया जा सकता। एक बच्चे को बहुत सी जानकारी दे देना और उसे परीक्षा पास करा देना शिक्षा प्रदान करने का सबसे बुद्धिहीन तरीका है। एक बच्चे को उस चीज की शिक्षा देना, जो वह नहीं है, एक अपराध ही है।

कृष्णमूर्ति का दूसरा महत्त्वपूर्ण विचार आजादी के बारे में था। शिक्षा का उद्देश्य बच्चों में आजादी लाना है। लेकिन यह आजादी है क्या? कृष्णमूर्ति ने यह कई बार कहा कि शिक्षा का उद्देश्य आजादी और प्रेम का एहसास कराना है, जिससे अच्छाई पनप सके और समाज में परिवर्तन आ सके।[59] यह आजादी आंतरिक होती है, न कि राजनीतिक। शिक्षा का संबंध मानसिक व आध्यात्मिक आजादी से जरूर होना चाहिए। शिक्षा का तरीका व परिणाम दोनों ही से आंतरिक तौर पर आजादी मिलनी चाहिए। आजादी शुरू से ही मिलनी चाहिए, न कि शिक्षा के नतीजे की तरह। विवश करके कराए गए कार्य से आजादी नहीं मिल सकती।

अगर आप बच्चे पर प्रभुत्व दिखाकर अपने तरीके से कार्य करने पर मजबूर करते हैं, चाहे वह कितना भी सही तरीका है, तो क्या वह बच्चा अंत में आजाद महसूस करेगा? अगर हम बच्चे की वास्तविक प्रतिभा को

पहचानने और निखारने को शिक्षा का उद्‌देश्य बनाना चाहते हैं तो शुरू से आजादी देना जरूरी है। इसका अर्थ है कि माता-पिता के साथ-साथ अध्यापक भी आजादी का खयाल रखें और इस बात पर जोर न दें कि बच्चे को बड़े होकर जो बनाना है, उसमें उसकी मदद की जाए। मुझे यह जानकर बहुत अफसोस हुआ कि धनवान् परिवारों के बहुत से बच्चे अपने स्कूल का गृहकार्य गरीब परिवारों के प्रतिभाशाली बच्चों से पैसा देकर करा लेते हैं।

एक नया समाज तभी उभरकर सामने आएगा, जब शिक्षा-व्यवस्था अपने वर्षों पुराने सांस्कृतिक व सामाजिक ढाँचे से मुक्त हो बदलाव की प्रक्रिया से गुजरेगी। एक व्यक्ति में मौजूद प्रतिभा को सामने लाने में व्यक्ति के साथ सहयोग करना शिक्षा का वास्तविक उद्‌देश्य होना चाहिए। यह सिर्फ कहने तक सीमित नहीं होना चाहिए।

जब शिक्षा की प्रक्रिया आंतरिक आजादी के साथ गुँथी हुई होती है तो, विद्यार्थी और अध्यापक दोनों ही शिक्षा ग्रहण करनेवाले हो जाते हैं और बराबरी पर आ जाते हैं। यह आजादी अध्यापक के अधिकार से अलग होती है। बच्चों को आजाद बनाने में मदद करने में शिक्षा प्रदान करनेवाला अपने मूल्य भी बदल रहा होता है। वह भी 'मैं' और 'मेरे' से छुटकारा पाने की शुरुआत कर रहा होता है। उसमें भी प्रेम और अच्छाई की भावना खिल रही होती है। यह शिक्षा का लेन-देन अपने आप में शिक्षक एवं विद्यार्थी के बीच एक नया रिश्ता बनाता है।[60]

इसलिए एक शिक्षक को सबसे अलग करनेवाला गुण है—सत्य पर आधारित आचरण। केवल व्यक्ति की आजादी और उसके एकीकरण के लिए समर्पित एक शिक्षक को बहुत सत्याचारी होना चाहिए। यह किसी धर्म या जाति से संबंधित नहीं होता, किसी विचार या परंपराओं से बँधा नहीं होता।

अगर हम किसी से यह पूछें कि 'आप कौन हैं ?' तो यह होने के बारे में एक प्रश्न है, जिसका उत्तर होता है—'मैं एक डॉक्टर, इंजीनियर या

व्यापारी हूँ…आदि।' जबकि प्रश्न आपके अस्तित्व के बारे में है, उत्तर कार्य करने के बारे में मिलता है। ऐसा क्यों—यह भ्रम क्यों है?

विद्यार्थियों की 'अस्तित्व' की महत्ता, उनकी अत्यंत गहरी भावुकता, उनकी अच्छाइयाँ व बुद्धिमत्ता, उनके अपने व विश्व के बारे में प्रश्नों की गहराई किसी भी शिक्षा के तरीके का आधार होना चाहिए। शिक्षा में प्रवीण होना या सांस्कृतिक क्षमताएँ होना एक सदाचारी जीवन जीने की योग्यता और इसकी इच्छा रखने से अधिक महत्त्वपूर्ण नहीं है। इस प्रकार एक विद्यार्थी को स्वयं को पहचानने में मदद करने की जरूरत है, न कि शिक्षक द्वारा हर किसी को एक साँचे में ढालने की।

मन की क्षमता की कोई सीमा नहीं है। यह हमेशा ही आजाद रहता है। मन की प्रकृति ब्रह्मांड जैसी होती है, जिसकी अपनी ही व्यवस्था होती है, अपनी असीम ऊर्जा होती है। भारतीय परंपरा में मन को सचेतन माना गया है। मस्तिष्क जानकारियों और सूचनाओं का सेवक है और इसीलिए सीमित है और हिस्सों में बाँटा जा सकता है। जब मस्तिष्क अपने आपको जड़ता से बाहर निकाल लेता है तो वह सीमा-विहीन हो जाता है, तब मन और मस्तिष्क में अंतर समाप्त हो जाता है। कृष्णमूर्ति के अनुसार, शिक्षा का अर्थ है—जड़ता से आजादी और मस्तिष्क में जमे ज्ञान की एक परंपरा से आजादी। अमेरिकी लेखक ऑर्थर रॉल्फ वॉल्डो इमर्सन (1803-1882) के शब्दों में—

"विचारों की चमत्कारक गति से
अपने शानदार लक्ष्यों की तरफ जाएँ,
किसान ने बीजों को बिखेरा है
गेहूँ की तरह आत्मा का भी पूर्ण विकास होगा।"[61]

इन सबका अर्थ उन विचारों को अमान्य ठहराना नहीं है, जिनका

अपना एक स्थान बना हुआ है। बात यह है कि पहले क्या आएगा? बुद्धिमत्ता इंद्रियों द्वारा ही अर्जित की जाती है। स्विस दार्शनिक रोजेऊ (1712-1778), स्विस शिक्षाविद् पेस्टोलॉजी (1746-1827), जर्मनी के शिक्षक फ्रोबेल (1782-1852) तथा इटली के डॉक्टर व शिक्षक मोंटेसरी (1870-1952) के शिक्षा के सिद्धांत— सभी इस विचार को बढ़ावा देते हैं कि 'इंद्रियों की समझ बुद्धि की समझ से पहले देनी चाहिए।' हमारी शिक्षा व्यवस्था में इंद्रियों की समझ के पनपने पर ध्यान देना कम होता जा रहा है।

आजादी इस बात को समझने में है कि हर पल आप कैसे हैं, क्या हैं? जीवन को समझना स्वयं को समझना है, न कि मात्र एक व्यक्ति की प्रकृति और गहरी चीजों पर से परदा हटना। लेकिन हर व्यक्ति का कार्यक्षेत्र अलग-अलग है, जिसकी खोज की जानी चाहिए। जो काम करने में उसे आनंद आता है, उसका पता लगाकर उसे वही करना चाहिए। बच्चों को पूर्व निर्धारित वर्गों में बाँटकर उनसे उस वर्ग के अनुसार ही व्यवहार करना बहुत बुरा है—विशेषकर जब इसमें किसी सरकार, धर्म या सामाजिक संस्थाओं का स्वार्थ निहित हो। हाल के वर्षों में पारंपरिक शिक्षा-पद्धति की जगह विद्यार्थियों की क्षमता बढ़ाने के विचार ने ले ली है। क्षमता बढ़ाने में वे सब गतिविधियाँ आती हैं, जो ज्ञान, योग्यता, कौशल, व्यक्ति का व्यवहार और संस्थागत ढाँचे व प्रक्रियाओं में सुधार लाती हैं।

क्षमता बनाने और बढ़ाने का कार्य केवल व्यक्ति से संबंध नहीं रखता। इसमें संस्थागत ढाँचा और सामाजिक प्रक्रियाओं को भी शामिल करना होगा।

आज शिक्षा को एक अच्छे नमूने की जरूरत है, जो यह सुनिश्चित करे कि विद्यार्थी देश के आर्थिक विकास में योगदान करें। क्या हम विद्यार्थियों में क्षमता बढ़ाने के बीज बो सकते हैं? सीखने की प्रक्रिया में लगातार नवीनीकरण होता रहे, इसके लिए अपनी शैक्षिक प्रणाली में विशेष क्षमताओं का सृजन करना होगा, जो बच्चों को प्रोत्साहित कर सके। जिन क्षमताओं का सृजन करना है, वे हैं पूछताछ की समझ व अनुसंधान, रचनात्मकता तथा नए

विकल्प निकालना, नई तकनीक का प्रयोग, अपने आपसे व नैतिकता से नेतृत्व करना।

संयुक्त राष्ट्र विकास कार्यक्रम ने क्षमता बढ़ाने को इस प्रकार परिभाषित किया है—उचित नीतियों और कानूनों से सशक्तीकरण का वातावरण देना; संस्थाओं का ऐसा विकास, जिसमें समाज और समुदायों की भागीदारी हो—विशेषकर महिलाओं की; मानव संसाधनों का विकास और प्रबंधन के तरीकों को मजबूत करना। यह एक निरंतर होनेवाली प्रक्रिया है, जो लंबे समय में होती है। इसमें न सिर्फ विद्यार्थी बल्कि अन्य भागीदारों जैसे—उद्योग जगत्, बाजार, समाज तथा सरकार को भी अपनी भूमिका निभानी चाहिए।

ज्ञान का प्रबंधन किसी एक व्यक्ति द्वारा नहीं किया जा सकता। जो सूचना हमारे पास चारों तरफ उपलब्ध है, वह अभिभूत कर देनेवाली है।

आविष्कारकों की अपनी खोज की सुरक्षा की इच्छा, वे लाभ जो इस इच्छा को जन्म देते हैं; जनता की जरूरतें, जिन्हें ज्ञान के संचार से फायदा होता है—इन सबकी वजह से आविष्कारों की रफ्तार में जो वृद्धि होती है तथा प्रतिस्पर्धा से कीमतों में कमी के बीच संतुलन बनाने की जरूरत हमेशा महसूस होती है। इसलिए ज्ञान का प्रबंधन एक व्यक्ति के अधिकार-क्षेत्र से निकलकर एक विचारधारावाले संगठित व्यक्तियों के एक समूह के हाथों में आ जाना चाहिए। विद्यार्थियों को ज्ञान को मिल-जुलकर सँभालना आना चाहिए। जब सूचना आपस में जुड़े हुए एक समूह से आती है तो इस सूचना की उपयोगिता और ताकत चौगुनी हो जाती है, जैसाकि मैकाफे के सिद्धांत में बताया गया है।[62] जिस सूचना में कोई बदलाव नहीं होता, उसमें विकास भी नहीं होता। नोबेल पुरस्कार विजेता जोसफ स्टिगलिट्ज (1943 में जनमे) के अनुसार, एकाधिकार से केवल उत्पादकता और आविष्कारों में कमी आ सकती है। अगर ऐसा कोई पेटेंट दे दिया गया होता जो चार पहियों की सभी कारों पर प्रभावी होता, तो कारों पर शेलडेन को एकाधिकार प्राप्त हो जाता और हेनरी फोर्ड के पास आम जनता के लिए कार बनाने के लिए बहुत कम

गुंजाइश रह जाती।[63] वर्तमान युग में आर्थिक सूचना भी तकनीक के कारण तेजी से फैल रही है और राष्ट्र के खजाने में बढ़ोतरी कर रही है।

अपने सीखने की प्रक्रिया को मजबूत बनाने के लिए हमारे कॉलेज के सभी विद्यार्थियों को इस नवीनतम तकनीक का प्रयोग करना आना चाहिए। कंप्यूटरों के बारे में जानना वास्तव में आवश्यक है। विश्वविद्यालयों में कंप्यूटर प्रयोगशाला की सामग्री तथा इंटरनेट सुविधा उपलब्ध होनी चाहिए। एक ऐसा वातावरण होना चाहिए कि विद्यार्थियों की सीखने की क्षमता बढ़ सके।

क्या तकनीकी क्रांतियों के बाद शिक्षकों का कार्य और उनकी उपयोगिता कम हो जाएगी? मेरे खयाल से शिक्षकों के कार्य को कभी भी कम करके नहीं आँका जा सकता। सच कहा जाए तो, शिक्षक और अधिक महत्त्वपूर्ण हो जाएँगे और पूरा शिक्षा जगत् शिक्षक की मदद से ही चला करेगा। तकनीकी के माध्यम से सर्वश्रेष्ठ शिक्षक देश के हर कोने में पहुँच जाएगा और ज्ञान का प्रकाश फैलाएगा। नेताजी मुक्त विश्वविद्यालय और केयर फाउंडेशन ने इसे नर्सिंग की शिक्षा के क्षेत्र में साकार कर दिखाया है।

कंप्यूटर की मदद से शिक्षा प्रदान करने के साथ-साथ विद्यार्थियों में उद्यमिता का विचार शुरू से ही पनपने देना चाहिए, जब वे विश्वविद्यालय में पढ़ाई कर रहे हों। हमें अपने विद्यार्थियों को एक बड़े लाभ के लिए नपे-तुले खतरे लेना सिखाना चाहिए; लेकिन यह सब व्यापार की व्यावहारिक सीमाओं में होना चाहिए। उनमें कार्य को सही तरह से करने की प्रवृत्ति होनी चाहिए। यह योग्यता उन्हें बाद में चुनौतीपूर्ण कार्यों को करने में मदद करेगी।

नैतिक मूल्यों के नेतृत्व में दो पहलू हैं। पहला यह कि इसके लिए मानवता की बेहतरी के लिए एक सुंदर सपना होना चाहिए तथा दूरदर्शिता होनी चाहिए। नैतिक नेतृत्व के लिए सही ढंग से कार्य करने की प्रवृत्ति होनी चाहिए और दूसरों को सही कार्य करने के लिए प्रभावित करने की क्षमता भी होनी चाहिए।

अगर हम अपने विद्यार्थियों में इन पाँच क्षमताओं को विकसित कर सकें तो हम एक स्वायत्तधारी विद्यार्थी बना सकेंगे, जो अपनी दिशा खुद तय करता हो, अपना नियंत्रण स्वयं करे और जीवन भर सीखना जारी रखे। उसके पास अधिकारियों का आदर करने के साथ-साथ सही तरीके से उनसे प्रश्न पूछने की क्षमता हो। ये लोग नेतृत्व प्रदान करके साथ-साथ काम करेंगे, जैसे कि अपने आप संगठित करनेवाला एक अंतर्संबंधित समूह, जो किसी राज्य को समृद्ध बना सके। इन क्षमताओं से हम अपने विद्यार्थियों को अपने देश भारत को वर्ष 2020 तक एक विकसित देश बनाने की चुनौती का सामना करने योग्य बना सकते हैं।

मैंने यह पाया है कि जब विद्यार्थी स्नातक पाठ्यक्रम पूरा कर लेते हैं तो लगभग 10 प्रतिशत ही अनुसंधान के क्षेत्र में जाते हैं, शेष 90 प्रतिशत नौकरी ढूँढ़ने लगते हैं। लेकिन नौकरियाँ कहाँ हैं? नौजवानों में यह भावना पैदा करनी होगी कि 'हाँ, मैं यह कर सकता हूँ।' शिक्षा-प्रणाली को नवयुवकों में यह क्षमता पैदा करनी चाहिए। ऐसे विद्यार्थी, जिनमें उद्यमिता की भावना पनप जाती है, बैंकों से ऋण लेकर छोटे उद्योग लगाएँ, इससे उनमें नेतृत्व प्रदान करने की योग्यता आ जाएगी। इस तरह देश में रोजगार देनेवालों की संख्या बढ़ेगी, बजाय रोजगार माँगनेवालों के।

इस पुस्तक के नौजवान पाठकों में से अधिकतर मानव मनोविज्ञान और मानव संरचना के क्षेत्र में अपना योगदान देगें। रेमंड कुर्जुवील (1948 में जनमे), जिन्होंने ऑप्टिकल करेक्टर रिकॉग्निशन (ओ.सी.आर.—कागज पर छपे अक्षरों को कंप्यूटर द्वारा पहचानने की विधि), लिखे हुए अक्षरों को कंप्यूटर द्वारा पढ़ना, आवाज पहचानना तथा अन्य तकनीकों के क्षेत्र में शीर्ष स्थान प्राप्त किया, उन्होंने कंप्यूटरों को 'भविष्य की आध्यात्मिक मशीन' (emergent spritual machine)[64] बताया। इंटरनेट के जाल ने हमारे संचार और जीवन के तरीकों को काफी प्रभावित किया है। अब अधिकतर कंप्यूटर व अन्य उपकरण आकार में छोटे होते जाएँगे, मानव द्वारा साथ में

ले जाए जा सकेंगे और आपस में बिना तार के संचार करेंगे। साधारण कीमतवाला कंप्यूटर, जो आजकल 1 सेकंड में 100 करोड़ गणनाएँ कर सकता है, आनेवाले दस वर्षों में 10,000 करोड़ गणनाएँ 1 सेकंड में कर सकेगा। सन् 2020 तक साधारण कंप्यूटर की क्षमता मानव मस्तिष्क की क्षमता से भी आगे निकल जाएगी और 2030 तक यह क्षमता मानव मस्तिष्क की क्षमता की हजार गुना हो जाएगी। इस ग्रह पर मानव अपना प्रभुत्व कैसे बचाकर रख सकता है?

जो चीज हम मानवों को अन्य कम विकसित प्राणियों से भिन्न बनाती है, वह है अस्तित्व बनाए रखने की चुनौती का सामना करने की चेतना व समझ। इससे ही हम सोच-समझकर अपना भविष्य बनाते हैं। उसके लिए यह जरूरी है कि हम भविष्य की ओर देखें—एक पीढ़ी के समय से भी आगे निकलकर। वर्तमान पीढ़ी अपने पूर्वजों के प्रयासों का सुख भोगती है। इससे उनके ऊपर यह जिम्मेदारी भी आ जाती है कि वे आनेवाली पीढ़ी के लिए सुखद भविष्य बनाएँ। क्या हम यह कर रहे हैं?

भारत को अपने मोटरवाहन, रेल तथा वायुयान चलाने के लिए अपनी जरूरत का 70 प्रतिशत तेल आयात करना पड़ता है। हमारे कुल आयात का यह सबसे बड़ा घटक है और सबसे अधिक विदेशी मुद्रा इसी के आयात में देनी पड़ती है। इसलिए अंतरराष्ट्रीय बाजार में तेल की कीमतों में उतार-चढ़ाव से हमारी अर्थव्यवस्था बहुत खतरनाक तरीके से प्रभावित होती है। पिछले पचास वर्षों में ऐसे बीस से अधिक झटके हम झेल चुके हैं, जब हमें तेल की कीमतों में वृद्धि का सामना करना पड़ा। अपने देश की जरूरतों को पूरा करने के लिए निर्यात से कमाई गई विदेशी मुद्रा का लगभग 40 प्रतिशत हमें तेल खरीदने में देना पड़ता है। अगर तेल की कीमतों में 5 प्रतिशत की वार्षिक वृद्धि होती रहे तो हमारे सकल घरेलू उत्पाद में 0.25 प्रतिशत की कमी आ जाएगी और मुद्रास्फीति की दर 0.6 प्रतिशत बढ़ जाएगी।

अंतरराष्ट्रीय ऊर्जा एजेंसी के अनुसार, भारतीय अर्थव्यवस्था में ऊर्जा

की खपत का अनुपात विकसित देशों की तुलना में करीब तीन गुना है। इसका अर्थ यह हुआ कि एक निश्चित मात्रा में उत्पाद बनाने में भारतीय तीन गुना ऊर्जा ज्यादा इस्तेमाल करते हैं।

घरेलू माँग में वार्षिक 5 प्रतिशत की बढ़ोतरी को ध्यान में रखते हुए यह अनुमान लगाया जाता है कि हम अगले 40 वर्षों में तेल के लिए करीब-करीब पूरी तरह विदेशों पर निर्भर हो जाएँगे। हम किस प्रकार की अर्थव्यवस्था दे रहे हैं आगे आनेवाली पीढ़ियों को?

दुनिया के देश तेल के स्रोतों पर कब्जे के लिए एक-दूसरे के दुश्मन होते जा रहे हैं। इस खेल में भारत को भी अपना स्थान बनाना होगा। ऐसे में जब पश्चिम एशिया में तेल मिलने में निश्चितता नहीं है, भारत को मध्य एशिया व दक्षिण एशिया के देशों—रूस, अफ्रीका तथा दक्षिण अमेरिका से तेल लेना शुरू कर देना चाहिए। हालाँकि यह आसान नहीं है, किंतु अत्यावश्यक है।

हमें अपनी सोच को बदलना चाहिए और वियतनाम, अल्जीरिया, कजाकिस्तान, इंडोनेशिया, लीबिया तथा सीरिया में तेल की खोज और ऊर्जा की अन्य परियोजनाओं में धन लगाना चाहिए। नाइजीरिया, थैड, अंगोला, घाना व कैमरून, कांगो में भी ऊर्जा के स्रोत हैं। भारत को यहाँ पर अपनी दावेदारी प्रस्तुत करनी चाहिए।

ऐसा विचार है कि तेल हमेशा से देशों के बीच लड़ाई का कारण रहा है। देश अपनी सीमाओं को बदलना चाहते हैं कि नए क्षेत्रों पर स्वामित्व पा जाने से उनका भाग्य चमक सकता है। हालाँकि इक्कीसवीं सदी में अधिकतर अंतरराष्ट्रीय सीमाएँ तय हैं, तेल के क्षेत्रों की पहचान कर ली गई है और उनमें कितना तेल है, यह भी अनुमान लगा लिया गया है। मानव अब अगली लड़ाई के लिए तैयार है—वह है जल संसाधनों की। अब तेल के बजाय जल विवाद का एक बड़ा कारण बनता जा रहा है।

हालाँकि जल के प्राकृतिक स्रोत प्राकृतिक तरीके से वापस पुरानी

स्थिति में आ जाते हैं, इसके होने में एक दिन से लेकर एक हजार साल तक लग सकते हैं। नदियों को वापस उसी स्तर तक आने में 18 दिन लगते हैं, जबकि बड़ी झीलों और जल के गहरे स्रोतों को कई हजार साल लग सकते हैं। अगर किसी देश में प्रति व्यक्ति 1,700 घन मीटर से कम जल उपलब्ध हो रहा है तो यह माना जाता है कि वहाँ जल की उपलब्धता ठीक नहीं है। अगर यह 1,000 घन मीटर से कम है तो जल की कमीवाला क्षेत्र माना जाता है।

कील विश्वविद्यालय और वेलिंगफोर्ड स्थित इंस्टीट्यूट ऑफ हाइड्रोलॉजी द्वारा किए गए 'वॉटर फैवर्टी इंडेक्स' (जल की उपलब्धता की सूचना) में 147 देशों की सूची में भारत को 100वाँ स्थान दिया गया है।

पृथ्वी पर जीवन होने और न होने के बीच जो अंतर है या संबंध है, वह पृथ्वी की वास्तविकता को सीमित करता है। जब तक है, मानव द्वारा अर्जित किए गए ज्ञान को समायोजित कर एक विस्तृत व लंबे समय की योजना पर कार्य नहीं करेंगे, तब तक हम पृथ्वी की वास्तविकता की सीमा को नहीं समझ पाएँगे। हालाँकि ऊपर से तो विज्ञान का विषय दर्शन, इतिहास, न्याय तथा सौंदर्यबोध से अलग दिखता है, ये सभी आपस में एक क्रम में है: इस प्रकार, भारत की जल प्रबंधन की समस्या का निबटारा मानव ज्ञान के सामंजस्य से ही संभव है।

पृथ्वी के प्राकृतिक संसाधनों के हिसाब से अपने को ढाल लेने के लिए पूरक सोच, ज्ञान और कौशल की जरूरत है। पृथ्वी की प्रणालियाँ वृहद्, विषम और आपस में एक-दूसरे से जुड़ी हुई हैं। इन्हें सदी से परिभाषित या नियंत्रित नहीं किया जा सकता। इनके प्रबंधन के लिए उपलब्ध विज्ञान को आधार बनाकर नई सोच से ऐसे निर्णय लेने होंगे जो मानवीय कार्यकलापों को भी ध्यान में रखें।

टी.एन. नरसिंहम[65] के अनुसार, "आजकल भारत जनतंत्र की उपलब्धियों में इतना व्यस्त है कि पृथ्वी के बारे में सोचने की फुरसत ही नहीं है। मानव-

मूल्य कितने भी अच्छे हों, बदलते ही रहते हैं। यह उचित नहीं है कि हम ऐसी नीतियाँ और कानून बनाएँ, जो हमें आर्थिक समृद्धि के रास्ते पर ले जाएँ, यह बिना सोचे- समझे कि प्रकृति पर इसका क्या प्रभाव पड़ेगा। भारत के लिए यह अच्छा ही होगा कि वह यह सोचे कि भौतिकता और व्यापारवाद पर आधारित जो सपना देखा जा रहा है, क्या वह तब भी संभव होगा जब हम पृथ्वी की यों ही उपेक्षा करते रहेंगे।''

मैं यह कह सकता हूँ कि सन् 2050 में ब्रह्मपुत्र और गंगा नदियाँ पश्चिम में दक्षिणी उत्तर प्रदेश, हरियाणा, पंजाब और राजस्थान की ओर मोड़ दी जाएँगी। शायद ये बाद में भारत के दक्षिणी क्षेत्र में महानदी, गोदावरी, कृष्णा, पेन्नार और कावेरी से भी जोड़ दी जाएँ। कोसी नदी, जो नेपाल से आ रही है और ब्रह्मपुत्र नदी, जो तिब्बत से आ रही है—उनके मार्ग के मुख्य स्थानों पर बड़े स्तर के सरोवर बना दिए जाएँ, जो बाढ़ लानेवाले पानी को अलग-अलग स्तर पर जमा कर लें और नदी का बहाव कम करके निचले इलाकों में बाढ़ से होनेवाले नुकसान को कम कर सकें। भारत के सभी राज्यों में परमाणु बिजलीघर हों। इस सब के साथ-साथ इस प्रायद्वीप में कोई झगड़ा-फसाद न हो।

□

6

उपवन को सँवारना

पुष्प को देखें कि कितनी उदारता से वह अपना पराग और सुगंध बाँटता रहता है। यह अपनी सुगंध सभी को खुशी से देता है। जब वह अपना सबकुछ बाँट देता है और कार्य पूरा हो जाता है तो शांति से मुरझाकर गिर जाता है। पुष्प की तरह बनें, जो इतने गुणों के बावजूद स्वयं पर अभिमान नहीं करता।[66]

नवंबर 2005 में मैं अजमेर के दौरे पर गया और गरीब नवाज की पवित्र दरगाह पर हजरत ख्वाजा मुहीउद्दीन चिश्ती से प्रार्थना की (अल्लाह की दया उन पर बनी रहे)। सन् 1190 में बावन वर्ष की उम्र में ख्वाजा ऐसे दैवी उद्देश्य पर अजमेर[67] आए हुए थे, जो इसलाम की परंपराओं में बेजोड़ है। उनका देहांत सत्तानबे वर्ष की आयु में हुआ। वे विश्व-बंधुत्व व शांति का संदेश लाए। 'कुरान' की मूल भावना को समझते हुए जबरदस्ती न करने का मार्ग चुना। इसके अनुसार—धर्म के मामले में जबरदस्ती न की जाए। सत्य अपने आप ही झूठ से अलग दिखाई देगा। जो भी बुराई

को छोड़कर अल्लाह में विश्वास करता है, समझो उसने सबसे विश्वसनीय हाथ पकड़ लिया है, जो कभी नहीं छूटेगा। अल्लाह सब सुनता है और सब जानता है।[68]

गरीब नवाज ने इसलामिक पद्धति से जीवन जीने की धार्मिक रूढ़िवादिता की परिधि में रहकर भी एक अलग सूफी व्याख्या की। उन्होंने कहा कि ईश्वर के मित्र में सूर्य जैसा आकर्षण होना चाहिए। जब सूर्य उगता है तो सभी के लिए लाभप्रद होता है। सभी लोग उससे ऊष्मा और प्रकाश पाते हैं, चाहे वे मुसलिम हों, ईसाई हों या हिंदू। ईश्वर का मित्र समुद्र व नदी जैसा दयालु होना चाहिए। हम सभी को नदी से अपनी प्यास बुझाने के लिए पानी मिलता है। नदी किसी भी प्रकार का भेद नहीं करती, चाहे अच्छा हो या बुरा, परिचित हो या अपरिचित।

ईश्वर का मित्र वह होता है, जिसमें धरती के समान गुण होते हैं। हम धरती पर पले-बढ़े हैं, इसकी गोद में खेले हैं और यह हमेशा हमारे साथ-साथ रहती है। रहस्यवाद एक वास्तविक आध्यात्मिक विषय है, जो सत्य को खोजनेवालों के अंतर्मन के प्रकाश या समझ पर आधारित होता है। यह वास्तव में किसी भी धर्म में उच्च स्थान पाने के उद्देश्य जैसा है, जो किसी भी तरह के झगड़े और मारपीट की निंदा करता है। आत्मज्ञान की खुशी, जो धर्म का आधार है, एक लंबे आध्यात्मिक अनुभव के बाद महसूस की जाती है। जब रहस्यवादी ऐसी खुशी पा लेते हैं तो वे धर्म के दिखावे को नकारने लगते हैं। इस प्रकार सूफी विचार इसलाम की आध्यात्मिक दिशा की रहस्यवादी शक्ति पर केंद्रित है। सूफी विचार इसलाम में विश्वास करनेवालों को बाहरी और अवास्तविक दिखावे से बचाता है।[69]

सूफी संतों ने आंतरिक मन को 'आध्यात्मिक विचारों का बचपन' या अरबी भाषा में 'तिफ्ल-अल-मानी' कहा है। यह मन से आती है, जैसे एक बच्चा माँ के पेट से जन्म लेता है, वह दुनियादारी से दूर रहता है। वह निर्मल भाव लिये होता है। इनपर लापरवाही और भौतिकता का कोई

असर नहीं पड़ता। 'बच्चे' शब्द से निर्मलता और स्वच्छता का एहसास होता है। यह 'बच्चा' भी एक वास्तविक मनुष्य की तरह है और ईश्वर द्वारा बनाया गया है। इसलामिक मान्यता के अनुसार ज्ञान हृदय में रहता है। हृदय का गुण है समभाव, जिसका अर्थ है—शांति और समझ, संतुलित व्यवहार। हृदय की सहिष्णुता और उदारता का अर्थ है वास्तविकता का बिना किसी पक्षपात या डर के आकलन करना। गलत तो गलत ही होता है, चाहे इसे करनेवाला कोई घर-परिवार का व्यक्ति ही क्यों न हो। महाकाव्य महाभारत में अंधे राजा धृतराष्ट्र हृदय के अंधे होने का प्रतीक है।

वास्तविकता को समझ लेना और भी बड़ा गुण है। इसलामिक दृष्टि में ईश्वर की इच्छा या उसकी वास्तविकता के प्रति समर्पित होने का कारण है हृदय की उदारता का विस्तार। जब मोसेस को फराओह की अदालत में पेश किया गया, तो उसने तुरंत कहा, "मेरे लिए मेरे हृदय का विस्तार हो।"[70]

जब आप किसी महान् उद्देश्य के लिए एक असाधारण परियोजना पर कार्य कर रहे होते हैं, आप सभी विचारों से उन्मुक्त हो जाते हैं, आपका मस्तिष्क सीमाओं को पार कर जाता है, आपकी चेतनता का विस्तार होता है और आपको यह विश्व अद्भुत एवं प्रिय लगने लगता है।

फरवरी 2006 में मैंने बैंगलौर के पास जाक्कुर हवाई पट्टी पर में सौ देशों से आए करीब 20 लाख लोगों को संबोधित किया। भिन्न-भिन्न धार्मिक एवं सांस्कृतिक पृष्ठभूमि के ये लोग आर्ट ऑफ लिविंग के रजत जयंती समारोह में भाग लेने आए थे। आर्ट ऑफ लिविंग आंदोलन की स्थापना कर श्री श्री रवि शंकर (1956 में जनमे) ने विश्व भर में करीब 2 करोड़ लोगों को प्रभावित किया है। श्री श्री रविशंकर का मूल संदेश है—पंथनिरपेक्षता। वे साँस को मस्तिष्क और शरीर के मध्य एक कड़ी मानते हैं और उनकी तकनीकों में साँस लेने को मस्तिष्क को आराम देने की तकनीक के रूप में प्रयोग किया जाता है। ऐसा माना जाता है कि उनकी

'सुदर्शन क्रिया' से शरीर में ऊर्जा का संचार होता है तथा शरीर, मस्तिष्क व भावनाओं की प्राकृतिक लय के बीच सामंजस्य स्थापित होता है। इस क्रिया में साँस लेने के बड़े, मध्यम तथा छोटे चक्र होते हैं। शरीर, मन व भावनाओं में असंतुलन किससे पैदा होता है?

आपका व्यक्तित्व यह बताता है कि आप क्या बनना चाहते हैं और अपने आपको, परिवार और समुदाय, उनको दुनिया के सामने किस तरह दिखाना चाहते हैं। जैसे हमारा पहनावा हमें आस-पास के लोगों के सामने प्रस्तुत करता है वैसे ही हमारा व्यक्तित्व एक मानसिक पहनावा है, जो हमारे वास्तविक मन और वातावरण के बीच मध्यस्थता करता है। जो हम अपने बारे में सचेत होकर जानते हैं, वह है स्वाभिमान। अपने मन का वह हिस्सा जो हम देख नहीं पाते या सचेत रहकर भी जान नहीं पाते, उसे स्विट्ज़रलैंड के मनोवैज्ञानिक कार्लजंग (1875-1961) ने 'परछाईं' कहा है। उन्होंने इसे एक मानसिक क्रिया बताया, जो सचेत मन से स्वतंत्र कार्य करती है और अनछुई ही रहती है। यह शायद व्यक्तिगत अनुभव से महसूस भी नहीं की जा सकती। शिक्षा का उद्‌देश्य इस परछाईं पर प्रकाश डालना है और इसे सचेत मन से जोड़ना है।

अब यह जानना महत्त्वपूर्ण हो जाता है कि यह परछाईं कैसे बनती है? हम एक पूर्ण व्यक्ति की तरह जन्म लेते हैं और मैं आशा करता हूँ कि हम इस दुनिया से ऐसे ही जाएँ। शुरुआत में ही हम ज्ञान के पेड़ के फल चख लेते हैं और चीजों को अच्छे व बुरे में बाँट लेते हैं। इस प्रकार परछाईं के बनने की प्रक्रिया शुरू हो जाती है और हम अपने जीवन को भी हिस्सों में बाँट लेते हैं। सांस्कृतिक प्रक्रिया से हम ईश्वर द्वारा दिए गए गुणों को समाज द्वारा मान्य गुणों की तरह अपना लेते हैं और शेष सबको अमान्य मानकर छोड़ देते हैं। इस तरह गुणों को अलग-अलग कर देना बहुत अच्छा व जरूरी है, क्योंकि इसके बिना समाज में किसी साम्य-व्यवहार की आशा नहीं की जा सकती। लेकिन अमान्य गुण समाप्त नहीं

हो जाते, बल्कि हमारे व्यक्तित्व के अँधेरे कोने में छिप जाते हैं। जब उन्हें छिपे हुए काफी समय हो जाता है, उनका अपना एक जीवन-क्रम शुरू हो जाता है—परछाईं का जीवन। रूमी ने इसे बहुत अच्छे तरीके से कहा है—

> *"देवदूतों के बचाव के लिए ज्ञान है, दुष्टों के लिए अज्ञानता का बहाना। संसार के शेष सभी व्यक्ति ज्ञान और अज्ञान के बीच जूझते रहते हैं।*[71]
>
> *यह मैंने अपनी पुस्तक 'गाइडिंग सोल्स' में भी लिखा है। बहुत से पाठक इससे सहमत होते हैं, इसलिए मैंने इसका यहाँ भी उल्लेख किया है। कहानी इस प्रकार है—रम के अमीर (सूबेदार) ने रूमी से इस प्रकार कहा, "जिन्हें ईश्वर पर विश्वास नहीं था, वे पूजा करते थे और मूर्तियों के सामने सिर झुकाते थे। अब हम खुद भी यही कर रहे हैं। हम मंगोलों का इंतजार करते हैं और उनके सामने सिर झुकाते हैं, फिर भी हम अपने को मुसलिम कहते हैं। हमने अपने हृदय में भी बहुत सी मूर्तियाँ बना रखी हैं, जैसे—लालच, दीवानगी, गुस्सा, ईर्ष्या आदि और हम इन सबके प्रति आज्ञाकारी हैं। इस प्रकार हम ईश्वर में विश्वास न करनेवालों की तरह बरताव करते हैं, अंदरूनी तौर पर भी और बाहरी तौर पर भी—फिर भी हम अपने को मुसलिम कहते हैं।"*

रूमी ने बताया, "पर यहाँ कुछ अलग है, आपको यह विचार आया कि इस तरह का व्यवहार बिलकुल गलत और घृणित है। आपके हृदय ने इतना अधिक सोचा कि इस व्यवहार को आप छिपा हुआ या ढका हुआ मानते हैं। खारा पानी उसी को खारा लगता है, जिसने मीठा पानी चख रखा हो। परस्पर विरोधी चीजों को देखकर ही अंतर स्पष्ट हो पाता है।"

फिर रूमी ने एक कहानी सुनाई कि तीन तरह के प्राणी होते हैं।

पहले फरिश्ते—जिनकी आत्मा एकदम शुद्ध होती है। पूजा, सेवा और ईश्वर को याद करना ही उनकी प्रकृति होती है और यही उनका भोजन भी। वे इसी भावना पर जीवित रहते हैं जैसे मछली पानी में रहती है। वही विचार उनके लिए तकिया व बिछावन होते हैं। फरिश्ते शुद्ध होते हैं, उनमें लालच नहीं होता। तब इच्छाओं की पूर्ति न करने से उन्हें क्या मिलता है? क्योंकि वे इन सब चीजों से मुक्त होते हैं, उन्हें किसी से लड़ना नहीं पड़ता। अगर वे ईश्वर की आज्ञा मानते हैं, उसे आज्ञाकारी होना नहीं माना जाता, क्योंकि यह उनकी प्रकृति है और इसके सिवा कुछ हो भी नहीं सकता। दूसरी तरह के लोग दुष्ट होते हैं, जो विलासी होते हैं, कोई आत्मिक ज्ञान उन्हें नहीं हो। उन्हें दायित्व का बोध नहीं होता। आखिर में आते हैं मानव, जिन्हें आत्मिक ज्ञान के साथ-साथ भोग-विलास भी चाहिए। हम लोग आधे फरिश्ते, आधे दुष्ट होते हैं; आधे साँप और आधे मछली की तरह होते हैं। मछली पानी की ओर खिंचती है और साँप जमीन की ओर। हमारे अंदर हमेशा एक संघर्ष चलता रहता है। अगर हमारी भोग-विलास की इच्छा आत्मिक ज्ञान से न्यून हो जाती है तो हम फरिश्तों से भी ऊपर उठ जाते हैं। अगर भोग-विलास की इच्छा हमारे आध्यात्मिक ज्ञान से अधिक हो जाती है तो हम दुष्टों के करीब होते जाते हैं।

इससे हमें क्या संदेश मिलता है? ईश्वर ने आत्मा में विश्वास के प्रकाश को इस प्रकार भरा है कि ये चीजें भयावह दिखें। जब इनका सामना अच्छी चीजों से होता है तो ये बुरी लगने लगती हैं। लेकिन शेष लोगों पर इनका असर नहीं होता। वैसे लोग जहाँ हैं वहाँ खुश रहते हैं। उनका मानना है कि 'यह बिलकुल सही है।' जो आप पाना चाहते हैं, ईश्वर आपको देगा। जो आपकी अभिलाषा है, वह पूरी होगी। जैसे चिड़िया पंखों से उड़ती है, विश्वास करनेवाले अभिलाषाओं की उड़ान भरते हैं।

परछाईं वह हिस्सा है, जो हमारी चेतना से पूरी तरह नहीं जुड़ पाया है। यह हमारे अस्तित्व का वह हिस्सा है, जो छोड़ दिया गया है। इसमें

इतनी अधिक ऊर्जा है, जितनी हमारे स्वाभिमान में होती है। अगर इसमें स्वाभिमान से अधिक ऊर्जा जमा हो जाती है तो यह एक ऐसे सोच की तरह फूट पड़ती है, जिसे हम समझ नहीं पाते या फिर हम उदास हो जाते हैं। या कोई ऐसी घटना हो जाती है, जिसके बारे में ऐसा लगता है कि इसका अपना अलग से ही कोई विशिष्ट उद्देश्य है। अगर यह परछाईं अपनी इच्छा से कार्य करने लगे तो हमारे मस्तिष्क में यह एक दुष्ट राक्षस की तरह व्यवहार कर सकती है।[73]

सभ्य होने की प्रक्रिया मानवता की सबसे अच्छी उपलब्धि है। इससे हम उन लक्षणों को चिह्नित कर लेते हैं, जो हमारे आदर्शों को सुचारु रूप से कार्य करने में बाधित करते हैं। कोई भी, जो इस प्रक्रिया से नहीं गुजरता, 'पिछड़ा' ही रहता है और सभ्य समाज में कोई स्थान नहीं बना पाता। विभिन्न गुणों को मिलाकर एक पूर्ण मानव का जन्म होता है। लेकिन हमारी संस्कृति यह चाहती है कि हम एक निश्चित तरीके से जीवन जिएँ, जो कि हमारी स्वयं की प्रकृति का एक छोटा सा स्वरूप होता है। इस प्रकार हमारी प्रकृति और जो कुछ हम हैं, उसके शेष भाग को नकार देते हैं। हम स्वयं को अपने स्वार्थ और परछाईं में बाँट लेते हैं, क्योंकि हमारी संस्कृति हमें एक विशिष्ट प्रकार से जीने के लिए जोर देती है। ज्ञान का भंडार पा लेने के बाद वर्षों की सभ्यता से शायद यही हमें विरासत में मिला है। ईसाई धर्म में ऐसा कहा जाता है कि ज्ञान के पेड़ के फल को चखने के बाद यही हमारी उपलब्धि है।

पूरे समाज के जीवन जीने के तरीके को संस्कृति कहते हैं। इसमें सम्मिलित हैं—आचरण के तरीके, पहनावा, भाषा, धर्म, परंपराएँ, व्यवहार के तरीके तथा विचारों से विश्वास बनने की प्रणाली। हमारे अंदर छिपे साधारण मानव को हमसे दूर करके संस्कृति हमें एक जटिल सी शक्ति दे देती है। एक व्यक्ति जोर देकर यह कह सकता है कि संस्कृति द्वारा किए गए इस विभाजन को बच्चों पर नहीं थोपना चाहिए, वरना वे अपना

बचपन नहीं जी पाएँगे। उन्हें बचपन के उपवन में खेलते रहने देना चाहिए, जब तक कि वे इतने मजबूत न हो जाएँ कि बिना किसी रुकावट के वे सांस्कृतिक विचारों का सामना कर सकें। यह मजबूती अलग-अलग व्यक्तियों के लिए अलग-अलग उम्र में आ पाती है। इसपर नजर रखने की जरूरत है कि कब बच्चे समाज में सामूहिक तरीके से जीवन अपनाने के लिए तैयार होंगे।[75]

दुनिया भर में घूमना और यह देखना कि भिन्न-भिन्न संस्कृतियों में कौन-कौन से लक्षण स्वार्थ और कौन से परछाईं के साथ जोड़े जाते हैं। अब तक यह साफ हो चुका है कि संस्कृति एक थोपा गया ढाँचा है, किंतु अत्यंत जरूरी भी है। हम देखते हैं कि एक देश में हम सड़क की दाईं तरफ चलते हैं और दूसरे देश में बाईं तरफ।

पश्चिमी देशों में एक पुरुष एक स्त्री का हाथ पकड़कर गलियों में घूम सकता है, परंतु दूसरे पुरुष के साथ नहीं। दूसरी तरफ भारत में एक पुरुष एक पुरुष के साथ तो घूम सकता है, किंतु स्त्री के साथ नहीं। पश्चिमी देशों में औपचारिक व धार्मिक स्थानों पर जूते पहनकर जाने को आदर करना माना जाता है। पूर्वी देशों में अगर कोई व्यक्ति मंदिर में या घरों में चप्पल पहनकर जाए तो अनादर मानते हैं। मध्य-पूर्व एशिया में खाना खाने के बाद डकार लेकर खुशी का इजहार करते हैं; लेकिन पश्चिमी देशों में इसे बुरा माना जाता है।

चुनने व क्रम से लगाने का तरीका एकदम मनमाना होता है। एक व्यक्ति का समाज से अलग अस्तित्व होना कई समुदायों में एक अच्छा गुण माना जा सकता है तथा कुछ अन्य में एक बुराई। मध्य-पूर्व एशिया में निस्स्वार्थ भाव एक गुण माना जाता है। एक महान् कला के विद्यार्थी कलाकृति या कविता पर अपने गुरु का नाम लिखते हैं, न कि अपना नाम। पश्चिमी सभ्यता में एक व्यक्ति अपने स्वयं के यश एवं प्रसिद्धि के लिए कार्य करता है। इन दोनों परस्पर विरोधी विचारधाराओं का टकराव खतरनाक

है, क्योंकि आधुनिक समय की तेजी से फैलती हुई संचार प्रणाली हमारे बीच की दूरियों को कम कर रही है। एक संस्कृति की परछाईं दूसरी संस्कृति के लिए समस्या का पिटारा बन रही है।[76]

यह बहुत आश्चर्यजनक है कि कुछ बातें एवं अच्छे लक्षण परछाईं की तरह देखे जाते हैं। अकसर साधारण और पुराने तौर-तरीके ही लक्षण माने जाते हैं। इससे कम जो कुछ भी है, वह परछाईं माना जाता है। लेकिन साधारण से अच्छा भी परछाईं ही माना जाता है। हमारे व्यक्तित्व की कुछ अच्छाइयों को कम आँककर परछाईं की तरह माना जाता है, क्योंकि इसे संस्कृति में कोई स्थान नहीं मिला है। संस्कृति ही संतुलन बनाने का कार्य भी करती है।

यह ध्यान देने योग्य बात है कि लोगों को अपनी परछाईं के अच्छे हिस्से को रोकने में उससे अधिक मेहनत करनी पड़ती है, जितनी उन्हें अपनी बुरी बातों को छुपाने में भी नहीं करनी पड़ती। अलमारियों से कंकाल बाहर निकालना फिर भी आसान है, किंतु परछाईं में अच्छे लक्षणों का पाना भयानक है। इस बात को जानने से कि आप किसी काम के नहीं, यह जानना अधिक व्याकुल कर देनेवाला है कि आप में बहुत सी अच्छाइयाँ हैं। वास्तव में आप दोनों ही हैं, लेकिन एक व्यक्ति दोनों पक्षों को एक समय में नहीं खोज पाता। अच्छाइयाँ हमारी अच्छी भावना को दिखाती हैं, और जीवन की कुछ अवस्थाओं में इसे स्वीकारना मुश्किल होता है। परछाईं की अच्छाई पर ध्यान न देना भी उतना ही हानिकारक हो सकता है जितना बुराई का ध्यान न रखना। कुछ लोगों को यह आघात पहुँचा सकता है या विकार पैदा कर सकता है, इससे पहले कि वे यह सीख पाएँ कि अच्छाई को कैसे जाना जाए एवं इसे प्रयोग में लाया जाए?

रवींद्रनाथ टैगोर (1861-1941), जो एशिया के पहले 'नोबेल पुरस्कार' विजेता थे, यह मानते थे कि यह संस्कृति, सामाजिक वातावरण व अच्छे संबंध ही हैं जो अच्छाई का पता लगाते हैं और सामने लाते हैं।

तब परछाईं हलकी हो जाती है और सुंदर कलाकृतियों की तरह सामने आती है। रवींद्रनाथ टैगोर के परिवार की सांस्कृतिक समृद्धि और रोमांच ने युवा रवींद्रनाथ को अपने तरीके से सीखने का अवसर दिया, एक ऐसी शिक्षा का वातावरण दिया, जिसे उन्होंने बाद में अपने स्कूल शांतिनिकेतन में उपयोग में लाने की कोशिश की। उन्होंने शिक्षा को एक ऐसा माध्यम माना, जिससे हम अन्य संस्कृतियों के अच्छे विषयों को समझ सकते हैं—अपनी सांस्कृतिक विशिष्टता को बनाए रखते हुए। उन्होंने लिखा—

> *"शिक्षा का अर्थ है—आजादी : विश्व के नियमों के बारे में अज्ञानता से आजादी और लोगों से अपने संवाद में आवेश और ईर्ष्या से आजादी।"*[78]

रवींद्रनाथ टैगोर ने यह विचार दिया कि शिक्षा एक व्यक्ति के आस-पास के वातावरण से ही उपजती है, लेकिन विश्व की भिन्न-भिन्न सभ्यताओं से जुड़ी होती है। शिक्षा पाना अगर एक सुखद अनुभव हो और हर बच्चे के व्यक्तित्व के अनुसार ही दी जाए तो यह निर्णायक सिद्ध होती है।

> *"मैंने विश्व के अनेक क्षेत्रों से विचारकों और विद्वानों को आमंत्रित किया, जिससे महान् लोगों से बात करके हमारे युवा यह समझ सकें कि विश्वबंधुत्व क्या होता है! यह कितना गलत है कि लोग छोटी-छोटी बातों को लेकर बैठे रहते हैं और आपस में भेदभाव करते हैं।"*[78]

सन् 1890 में रवींद्रनाथ टैगोर को पूर्वी बंगाल में पैतृक ग्रामीण संपत्ति की देखभाल का जिम्मा सौंपा गया। प्रौढ़ अवस्था की शिक्षा के उनके प्रयोग वहीं से शुरू हुए और धीरे-धीरे उन्हें इस बात का अंदाजा लग गया कि अनपढ़ ग्रामीण इलाकों व शहरों में कितना अंतर है। गाँवों में कितनी भौतिक

एवं सांस्कृतिक गरीबी फैली हुई है। अपने इस अनुभव से उन्होंने गाँवों की स्थिति सुधारने का संकल्प लिया और बाद में शांतिनिकेतन के शिक्षकों व विद्यार्थियों को पढ़ाने का प्रशिक्षण देने, सामाजिक कार्य और सहकारी योजनाओं में लगाया गया। उस समय सन् 1901 में उपलब्ध शिक्षा सुविधाओं के साथ-साथ उन्होंने शांतिनिकेतन में एक छोटा सा स्कूल शुरू किया, जो बाद में एक विश्वविद्यालय और ग्रामीण क्षेत्रों के पुनर्निर्माण का केंद्र बन गया। यहाँ उन्होंने शिक्षा का एक वैकल्पिक ढाँचा तैयार करने की कोशिश की, जो उनके स्वयं के सीखने के अनुभव पर आधारित था।

उन्होंने ऐसा महसूस किया कि पाठ्यक्रम में प्रकृति को महत्त्वपूर्ण स्थान दिया जाए। कक्षाएँ अगर पेड़ के नीचे लगाई जाएँ तो जीव व जगत् की विविधता और मौसम में बदलाव का आभास तुरंत हो पाएगा। 'एक कवि का विद्यालय' नामक एक निबंध में उन्होंने विश्व के वातावरण से सभी विषयों के आपसी संबंधों में सहानुभूति की भावना पर जोर दिया—

> *"हम इस संसार में इसे स्वीकार करने आए हैं, न कि सिर्फ इसके बारे में जानने। हम ज्ञान प्राप्त करके शक्तिशाली बन सकते हैं, लेकिन हम इसे पूर्ण रूप से सहानुभूतिपूर्वक ही समझ सकते हैं। वास्तविक शिक्षा वह होगी, जिसमें हम मात्र जानकारी नहीं देंगे बल्कि अपने जीवन की सभी चीजों— जिनका अस्तित्व है, उनके साथ तालमेल बैठाएँगे।"*[79]

टैगोर के शैक्षिक प्रयास कई क्षेत्रों में क्रांतिकारी थे। वे भारत के उन लोगों में से थे, जिन्होंने पहली बार व्यक्तित्व के सभी क्षेत्रों के विकास पर केंद्रित एक ऐसी शिक्षा-प्रणाली की वकालत की, जो प्रकृति के साथ-साथ चलती हो। शांतिनिकेतन विभिन्न भारतीय भाषाओं के स्कूलों एवं बंगाली पाठ्य-पुस्तकों के लिए एक आदर्श बन गया। यह दक्षिण एशिया क्षेत्र के उन कुछ संस्थानों में से है, जहाँ पहली बार लड़के-लड़कियों को

एक साथ शिक्षा दी गई।

रवींद्रनाथ के शिक्षा के सिद्धांत का ऐसा लक्षण, जो इसे अन्य सबसे अलग करता है, वह है—शिक्षा को एक कवि की दृष्टि से देखना। यह एक कवि का विचार ही है, जिसने उन्हें शिक्षा के एक नए विचार को सामने लाने की क्षमता दी, जिसमें सभी विषय सम्मिलित हैं। इस प्रकार उन्होंने प्रकृति को साथ लेकर शिक्षा के लिए और स्वयं की रचनात्मक अभिव्यक्ति के लिए ऐसा वातावरण बनाया, जहाँ विश्व के सभी क्षेत्रों से लेन-देन संभव हो सके।

एक कविता, जिसमें शिक्षा के उद्देश्यों के बारे में टैगोर का मूल विचार प्रकट होता है, इस प्रकार है—

''जहाँ मन में कोई डर नहीं होता और सिर ऊँचा रहता है,
जहाँ ज्ञान उन्मुक्त है,
जहाँ विश्व छोटी-छोटी बातों पर टुकड़ों में नहीं बँटा है,
जहाँ शब्द सत्य की शहरी उपज हो,
जहाँ लोग बिना थके उत्कृष्ट कार्य करने का प्रयास करते रहें,
जहाँ पर विवेक का स्पष्ट प्रवाह रेगिस्तान
की मृत रेतीली आदतों में न हो खो गया हो,
जहाँ मन सदैव ईश्वर से दिशा प्राप्त करता हो,
और विचारों एवं कार्यों का आजादी के असीम
स्वर्ग में विस्तार होता हो,
हे ईश्वर! मेरे देश को ऐसे विश्व में जाग्रत् बनाओ।'[80]

रवींद्रनाथ टैगोर के समकालीन साहित्यकार व शिक्षक रुकैया सकावत हुसैन (1880-1932) ने बंगाल में मुसलिम महिलाओं को जागरूक बनाने में बहुत महत्त्वपूर्ण कार्य किया। इस घटना का कैसे वर्णन किया जाए?

सहशिक्षा का विचार उसी समय जनमा था, जिसे शिक्षा के क्षेत्र में

प्रयोग किया जाता है। यहाँ पर विचार यह है कि उन लोगों पर विशेष ध्यान देते हुए, जो हाशिए पर खड़े हैं और उनके अलग-थलग पड़ जाने की आशंका भी है, सभी बच्चों, नौजवानों और प्रौढ़ों की शिक्षा की जरूरतों पर ध्यान दिया जाए। इसका अर्थ है कि सभी सीखनेवाले सीखने पर केंद्रित सभी सुविधाओं के साथ एक साथ पढ़ पाएँ।

यह सब एक लचीली शिक्षा-प्रणाली में ही संभव है, जो विद्यार्थियों की अलग-अलग जरूरतों का ध्यान रख सके और उन्हें पूरा कर सके। लेकिन इसके लिए सभी लोगों—जिसमें विद्यार्थी, उनके माता-पिता, समाज, शिक्षक, प्रशासक और नीति-निर्माता शामिल हैं—को शिक्षा की अलग-अलग जरूरतों को सहज रूप से लेना होगा और इसे एक चुनौती की तरह देखना होगा, न कि समस्या की तरह। क्योंकि एक उपवन या बाग में सभी तरह के फूलों का होना जरूरी है।

□

7

ब्राउनियन गति में कण

ज्ञान का प्रबंधन व्यक्तियों के अधिकार–क्षेत्र से बाहर निकलकर आपस में सुनियोजित तरीके से जुड़े समूहों के आधिपत्य में आ जाना चाहिए।[81]

भारतीय संस्कृति में धर्म को आधार मानकर दान देने की प्रथा बहुत पुरानी है। दान देने का विचार उन लोगों में काफी प्रचलित है, जो संन्यासियों को भीख देते हैं। धर्मार्थ कार्य के पीछे की मुख्य प्रेरणा है वह धार्मिक विश्वास कि इससे मोक्ष मिलता है। प्राचीन हिंदू लेखों में अच्छा बनने का और स्वर्ग में स्थान पाने का दान ही एक तरीका है। इसलामिक परंपरा 'सदाक' यानी अपने आपसे दान करना, 'जकात' यानी किसी कारण से दान करना और अनाथों, माता–पिता तथा उम्र में बड़े लोगों से अच्छा बरताव करने की वकालत की गई है। मानव ईश्वर की दया पाता है, अतः अच्छे कार्य करके और उपहार देकर उसकी सेवा करना अनिवार्य है। सिखों के धर्मस्थल गुरुद्वारों में जो भी लोग आते हैं, उन्हें निःशुल्क लंगर अर्थात् खाना खिलाया

जाता है। ईसाई धर्म में भी दान की महत्ता का वर्णन है, जो ईश्वर और मनुष्य के बीच प्रेम को दरशाता है। मनुष्यों से प्रेम ईश्वर के प्रति प्रेम माना जाता है। अपनी आय में से एक निश्चित प्रतिशत ईश्वर को उपहार के रूप में भेंट करना ईश्वर का आदर करने के समान है और यह ईसाई धर्म में एक आम रिवाज था।

भारत के लोगों में स्वयमेव सामाजिक कार्य करने की इच्छा धार्मिक और सामाजिक मानसिकता से निकली है। भारतीय इतिहास में उन्नीसवीं शताब्दी के शुरू के पाँच दशकों में अंग्रेजों के शासन के साथ-साथ सामाजिक सुधार के कार्यक्रम भी शुरू हो गए। ईसाई धर्म व पश्चिम के विचार यहाँ अठारहवीं शताब्दी के अंत में आए। सन् 1813 के घोषणा-पत्र के द्वारा ईसाई धर्म का प्रचार करनेवालों पर सारे बंधन हटा लिये गए और इससे ईसाई धर्म की संस्थाएँ एवं चर्च उनकी सहायता के लिए स्थापित होने लगे।

सितंबर 2004 में मैं मसूरी के सेंट जॉर्ज कॉलेज के सेंस्क्यू शताब्दी उत्सव में भाग लेने गया। एक पहाड़ी पर अनोखा सा दिखनेवाला यह कॉलेज आयरलैंड के प्रचारक फादर बेरी व काप्यूचिन फरेयर ने सन् 1853 में स्थापित किया था। फिर सेंट पैट्रिक के भाइयों ने और अन्य लोगों ने इस स्कूल को जिस तरह से सँवारा, वह प्रशंसा करने योग्य है। मैंने ब्रदर डोमोनिक जैकब से पूछा कि स्वेच्छा से कार्य करने के लिए कौन प्रेरित करता है। उन्होंने कहा कि जीवन में ऐसी अवस्था आती है, जब एक व्यक्ति स्वयमेव दूसरों की जिम्मेदारी लेने लगता है। बहुत से सफल व्यक्तियों ने अपने जीवन की कमाई से धर्मार्थ संस्थाएँ स्थापित की हैं। उन्हें किसने प्रेरित किया?

स्कॉटलैंड के मनोचिकित्सक रोनॉल्ड डेविड लेइंग (1927-1989) ने एक व्यक्ति के मन के विकास में उसके समाज, विशेषकर उसके परिवार, के योगदान पर जोर दिया है। उन्होंने कहा कि अकसर व्यक्ति को ऐसी परिस्थिति का सामना करना पड़ जाता है, जहाँ वह अपने साथियों की परस्पर

विरोधी अपेक्षाओं को पूरा नहीं कर पाता, जिससे उसे ऐसी स्थिति का सामना करना पड़ता है, जिसमें हर तरफ से हार होती है और उस व्यक्ति को बहुत मानसिक तनाव झेलना पड़ता है।[82] इससे विपरीत स्थिति तब बनती है जब एक व्यक्ति का मन आस-पास के लोगों को प्रभावित कर सकने की स्थिति में होता है और कई लोगों के जीवन में एक साथ बदलाव लाता है। ये अनुभवी लोग ऐसे यात्री होते हैं, जो एक यात्रा के बाद महत्त्वपूर्ण अंतर्ज्ञान प्राप्त कर लेते हैं। इसका असर यह होता है कि ये अधिक समझदार हो जाते हैं और यथार्थ के और भी करीब हो जाते हैं। वे नए व बेहतर जीवन की खोज करते हैं।

जब भारत में विज्ञान संबंधी संस्थाएँ स्थापित की जा रही थीं तो सब जगह रोमांचकारी वातावरण था। कुछ चुने हुए दूरदर्शी लोगों को ही इन वैज्ञानिक संस्थानों को स्थापित करने की जिम्मेदारी दी गई थी, जैसे—होमी जहाँगीर भाभा (1909-66), विक्रम साराभाई (1919-71), एम.एस. स्वामीनाथन (1925 में जनमे), दौलत सिंह कोठारी (1906-93)। फिर इन दूरदर्शी लोगों द्वारा स्थापित संस्थानों में विभिन्न पदों पर कार्य करने के लिए बड़ी संख्या में युवाओं को आमंत्रित किया गया। राजा रमन्ना (1925-2004), सतीश धवन (1920-2002), रोडम नरसिम्हा (1922 में जनमे), सी.एन.आर. राव (1934 में जनमे) जैसे लोग कहीं भी सफल हो सकते थे; लेकिन उन्होंने भारतीय संस्थानों में कार्य करने का विकल्प चुना। उन्होंने उद्योग जगत् और विश्वविद्यालयों से प्रतिभाशाली लोगों को शोध कार्य के लिए बुलाया। ऐसे हजारों लोगों ने ऐसी परियोजनाओं में अपना जीवन लगा दिया, जैसे एक उपग्रह को पृथ्वी की कक्षा में स्थापित करने में या परमाणु ऊर्जा से बिजली बनाने में या प्रक्षेपास्त्र बनाने में अथवा हरित क्रांति के लिए और अब नैनो-टेक्नोलॉजी के लिए कार्य करने में। ऐसे ही कुछ प्रतिभाशाली लोगों ने प्रशासनिक कार्य, सुझाव देने का कार्य या शिक्षण कार्य को अपना लिया। बाहरी वातावरण एक व्यक्ति को भिन्न-भिन्न कार्य करने

के लिए दबाव डालता है। ऐसे बहुत से प्रशासनिक पद हैं, जहाँ प्रतिष्ठित नाम बहुत महत्त्व रखता है। बहुत से प्रतिष्ठित वैज्ञानिक, जैसे—भौतिकशास्त्री और धातु-विशेषज्ञ वी.एस. अरुणाचलम (1935 में जनमे) तथा रेडियोलॉजिस्ट ककारला सुब्बाराव (1925 में जनमे) अच्छे प्रशासक भी थे। उनके नेतृत्व में ऐसी बहुत सी नीतियों का मार्गदर्शन किया गया, जिन्हें अन्य प्रशासनिक अधिकारी गलत दिशा में मोड़ सकते थे।

"विज्ञान में इतनी सुंदरता है!
कि इसके साथ आने
पर अनगढ़ता समाप्त हो जाती है
या शायद सब कुछ स्पष्ट हो जाता है
या जीवन के साथ मिलकर सब एक हो जाता हो
मैं जब एकांत में गोता लगाता हूँ
तो पाता हूँ कि इसका कोई अंत नहीं है
क्योंकि अनंत में ही सबका अस्तित्व है
और इसीलिए मैं भी शेष हूँ, मौजूद हूँ।"[83]

हम एक विकासशील देश में रहते हैं और अपने 100 करोड़ से अधिक लोगों को बेहतर जीवन-स्तर देने के लिए प्रयास कर रहे हैं। विज्ञान और तकनीक दोनों उन्नति कर रहे हैं। यह प्रमाणित हो चुका है कि विज्ञान और तकनीक का संपदा अर्जित करने से सीधा-सीधा संबंध है। आधुनिक युग में विज्ञान से बहुत सी उपलब्धियाँ तो मिली हैं, परंतु इसके कारण कुछ बड़ी दुर्घटनाएँ भी हुई हैं। आपके विचार से क्या विज्ञान एक ही है या अच्छा विज्ञान और बुरा विज्ञान दो अलग-अलग हैं ? मैं ऐसा मानता हूँ कि "विज्ञान अच्छा या बुरा नहीं होता। विज्ञान एक ही है, सर्वव्यापी है। उदाहरण के लिए, हम नाभिकीय विज्ञान को बिजली बनाने के लिए प्रयोग कर सकते हैं और

नाभिकीय अस्त्र बनाने के लिए भी। यह उपयोग करनेवाले पर निर्भर करता है कि वह किस तरह इसका उपयोग करे। सही उपयोग कर पाना तो सही तरह की राजनीतिक सोच पर निर्भर करता है।'' इस विचार ने मुझे और अधिक सोचने पर विवश किया।

देखा जाए तो विज्ञान अपने आप में तटस्थ है। इसका किसी एक तरफ झुकाव नहीं है। शोध के परिणाम भी ऐसे ही होते हैं, जब तक कि इसे कोई मायने नहीं दिए जाते या इसे प्रयोग करके अर्थ नहीं दे दिया जाता। विज्ञान और मानवजाति, जहाँ दोनों एक-दूसरे से मिलते हैं वहीं से विवाद शुरू होता है। नए तरीके, जिनका नैतिक मूल्यों पर प्रभाव का आकलन नहीं हो सका है या अप्रत्याशित हो या सुरक्षा को खतरा पैदा करता हो, तो उसके लाभ एवं हानि में संतुलन बनाना चाहिए।

यहाँ पर मैं नैनो-टेक्नोलॉजी के समाज पर पड़ सकनेवाले प्रभाव का एक उदाहरण दूँगा। मैंने 29 अप्रैल, 2004 को लगभग 100 वैज्ञानिकों तथा वैज्ञानिक संस्थानों के प्रशासकों को आमंत्रित किया। हमने पूरे दिन विचार-विमर्श किया। नैनो-टेक्नोलॉजी के वर्तमान में किए जा रहे उपयोग और संभावित उपयोग के बारे में चर्चा हुई। अभी भी यह स्पष्ट नहीं हो पाया है कि इस तकनीक के विकास से पड़नेवाले प्रभाव का पूर्वानुमान कैसे लगाया जाए? इससे भी अधिक, अभी तक यह भी स्पष्ट नहीं हो पाया है कि सामाजिक और नैतिक मुद्दों पर बहस को शोध की विकास प्रक्रिया में शामिल किया जा सकता है या नहीं।

नैनो-टेक्नोलॉजी पदार्थ के छोटे-से-छोटे कणों के स्तर पर जोड़-तोड़ करने का विज्ञान है और कई सारे विज्ञान एवं इंजीनियरिंग की शाखाओं में अपना दखल रखता है। इसे अनेक क्षेत्रों में प्रयोग किया जा सकता है, कई बार यह ध्यान रखने के संकेत दे चुका है। व्यक्तिगत दृष्टि से मेरा मानना है कि सूचना तकनीक, जैव-तकनीक तथा नैनो-टेक्नोलॉजी को एक-दूसरे के साथ प्रयोग करके सूक्ष्म स्तर पर कार्य करनेवाले बुद्धिमान् रोबोट बनाए

जा सकेंगे, जो अपने आप ही अपने जैसे दूसरे रोबोट बना सकेंगे। यहाँ मैं इस विचार पर और विस्तार से बात करूँगा, क्योंकि इस पुस्तक के बहुत से नौजवान पाठकों के लिए यह काम की बात है।

नैनो कणों से बने ढाँचे दो तरह के हो सकते हैं—1. नैनो कणों का मिश्रण, नैनो कणों से बनी सतह एवं नैनो उपकरण (इलेक्ट्रॉनिक, ऑप्टिकल, सेंसर आदि), जैसे कि 'जड़' नैनो कण। 2. 'स्वतंत्र' नैनो कण। ये स्वतंत्र नैनो कण तत्त्वों या साधारण यौगिक के नैनो पैमाने के अंश हो सकते हैं या विषम यौगिक, जिस पर दूसरे तत्त्व के नैनो कण का आवरण चढ़ा दिया गया हो, जैसे कि आवरणवाला नैनो कण या केंद्र और कवचवाला नैनो कण।

नैनो तकनीक बहूपयोगी वस्तुएँ बनाने के काम आनेवाली वह तकनीक है जो किसी विशिष्ट कार्य के लिए नैनो पैमाने पर किसी भी तत्त्व या ढाँचे में बनी हो। वस्तुओं की ऐसी रचना की जा सकती है जो अलग-अलग परमाणुओं से अलग-अलग व्यवहार कर सकता है। इस विशेषता के कारण बहुत सी नई चीजें की जा सकती हैं, जैसे कि ऐसी कृत्रिम दवा बनाना, जो शरीर के अंदर जीवाणुओं को पहचानकर निष्क्रिय कर सकती है।

नैनो कण कई तरह से शरीर में प्रवेश कर सकते हैं। इन्हें या तो निगला जा सकता है या त्वचा के रास्ते शरीर में प्रवेश कराया जा सकता है अथवा चिकित्सा प्रक्रियाओं के दौरान शरीर में डाला जा सकता है। शरीर के अंदर वे बहुत सक्रिय होते हैं। एक जीव की प्रक्रियाओं को ये किस तरह प्रभावित करते हैं, अभी जाना नहीं गया है; लेकिन यह जानना बहुत महत्त्वपूर्ण है।

क्या विज्ञान और तकनीक सुरक्षित हैं या खतरनाक? क्या इनसे खतरा अधिक है और लाभ कम? देशहित की दृष्टि से क्या हम वैज्ञानिक और तकनीकी खोजों के पक्ष में रहते हैं या इसका विरोध करते हैं? क्या इसे सक्षम बनाना चाहिए? क्या इसे नियंत्रित किया जाना चाहिए है? इन सवालों के जवाब मानव जाति की सुरक्षा किस प्रकार करेंगे और साथ-ही-साथ विज्ञान के विकास का प्रयास किस प्रकार करेंगे तथा जीवन-स्तर को बेहतर

बनानेवाली खोज करेंगे—ऐसी खोज जिनकी हम आशा करते हैं और जिनपर भरोसा भी कर सकें?

शिरले एन. जैक्सन[84] कहते हैं, "विज्ञान तलवार की धार की तरह है—अच्छाई व बुराई और सकारात्मक व नकारात्मक होने की संभावना पेश करती है।" ऐसा नहीं है कि वैज्ञानिक समाधान हमेशा नीतिगत समाधानों से टकराते हों। क्या विज्ञान या इंजीनियरिंग से जुड़े लोगों को सामने आकर नेतृत्व प्रदान नहीं करना चाहिए?

मैं वहाँ से शुरुआत करूँगा, जो मुझे सबसे अधिक प्रिय है—यानी परमाणु विज्ञान एवं तकनीक।

तीन दशक पहले फ्रांस, जो एक ऐसा देश है जहाँ कोयला कम पाया जाता है, प्राकृतिक गैस और तेल के भंडार भी लगभग नहीं हैं, उसने विद्युत् उत्पादन के लिए राष्ट्र स्तर पर परमाणु ऊर्जा नीति बनाई। आज पचास से भी अधिक वर्षों से वहाँ परमाणु बिजलीघर ८० प्रतिशत के लगभग विद्युत् ऊर्जा की माँग को पूरा करते हैं। वे देश की जरूरत पूरी करने के बाद अन्य यूरोपीय देशों को विद्युत् बेचकर करोड़ों डॉलर अर्जित कर रहे हैं। आज तक फ्रांस में परमाणु ऊर्जा के क्षेत्र में कोई दुर्घटना नहीं हुई। यह देश अपने परमाणु कचरे को भी स्वयं ही संशोधित करता है; क्योंकि परमाणु ऊर्जा से कोई उत्सर्जन नहीं होता। इस देश में कार्बन उत्सर्जन की दर भी बहुत कम है। फ्रांस के साथ-साथ हमने परमाणु ऊर्जा से बिजली बनाने की कोशिशें की थीं, लेकिन तकनीक को सँभालनेवाले शासक अलग-अलग थे। दशकों से प्रतिबंधों की चुनौती का सामना करने का ही असर है कि अमेरिका हमसे बात करने को राजी हुआ, जिससे हमारे परमाणु बिजलीघरों के लिए ईंधन की व्यवस्था हो सकेगी।

ऊर्जा के अलावा परमाणु संयंत्र से निकले कचरे को हम स्रोतों के केलीब्रेशन, रेडियो फार्मास्युटिकल, हड्डी व खनिजों का विश्लेषण, साथ-साथ ले जाई जा सकनेवाली फ्लूरोस्कोपिक इमेजिंग उपकरण, बरैकी थैरैपी

के स्रोत और उपकरण तथा गामा स्टीरियोटैक्टीकल शल्य-चिकित्सा के उपकरणों में उपयोग करते हैं। रेडियोआइसोटोप्स की मदद से मलेरिया, टी.बी. तथा अन्य बीमारियों के कीटाणुओं की उन जातियों का पता लगाया जाता है जिन पर दवा का असर नहीं होता। इस तकनीक का हड्डी, त्वचा व अन्य रोगों को कीटाणु-रहित बनाने के लिए भी प्रयोग में लाया जाता है, जिससे भारी चोट लगने के बाद भी शल्य चिकित्सा में प्रयोग किया जाता है और कुपोषण का अध्ययन करने के लिए भी। आजकल भारत के हर बड़े अस्पताल में न्यूक्लियर औषधि विभाग पाया जाता है।

विकिरण में म्यूटेशन कराकर बनाई गई नई किस्मों से कृषि की उत्पादकता बढ़ाई जा रही है। शोधकर्ता न्यूक्लियर तकनीक का प्रयोग कर रहे हैं, जिससे ऐसी किस्में विकसित की जाएँ जो खारी जमीन पर भी उगाई जा सकें। आइसोटोप हाइड्रोलॉजी का प्रयोग जमीन के नीचे पानी के जमाव को रेखांकित करने के लिए किया जाता है। इससे यह पता लगाया जाता है कि यह गंदा कैसे हो रहा है, जिससे उसे ठीक किया जा सके। हमारी उपलब्धियाँ काफी हैं, लेकिन अब हमें इनमें तेजी दिखानी होगी।

वैज्ञानिक खोज व तकनीक का समाज, आर्थिक जगत् और 'जीवन स्तर' पर प्रभाव होता है और अब यह सबको पता है।[85] जितने भी देश विकसित देशों की श्रेणी में आते हैं, उन सभी ने विज्ञान और तकनीक के क्षेत्र में अच्छा कार्य किया है।

इंजीनियरिंग एवं भौतिकी के विद्यार्थियों की संख्या या तो स्थिर है या कम हो रही है—यहाँ तक कि कंप्यूटर विज्ञान में भी। कई प्रतिभाशाली युवक सूचना तकनीक में अपना भविष्य सुनिश्चित करना चाहते हैं। हम इस विकट स्थिति से कैसे निबटें?

बीते दिनों में हमने विज्ञान, इंजीनियरिंग व तकनीकी विशेषज्ञता का आयात किया, जो हमें चाहिए थी। सभी विकासशील देश ऐसा करते हैं। विकसित देश बनने के लिए एक देश को विज्ञान और तकनीक के क्षेत्र में

स्वयं आविष्कार करने होंगे और अपनी क्षमताएँ बढ़ानी होंगी। इसमें कोई संदेह नहीं कि हमारे देश में प्रतिभाएँ हैं; लेकिन इस प्रतिभा को अभी तक दिशा नहीं मिल पाई है और इसे उपयोग में नहीं लाया जा सका है। सामाजिक दृष्टि से पिछड़े युवाओं व युवतियों का विज्ञान, गणित, इंजीनियरिंग तथा तकनीकी में प्रतिनिधित्व कम है। यही लोग भारत में विज्ञान और इंजीनियरिंग के क्षेत्र में कार्यबल उपलब्ध कराकर भारत को भविष्य में एक सकारात्मक सुअवसर दे सकते हैं।

जरा सोचिए कि इस सबके लिए कितना समय लगेगा—लगभग दस वर्षों में, यानी 2015 तक, स्नातक कक्षा में पढ़नेवाले युवाओं की संख्या 1 करोड़ से अधिक हो जाएगी। इनमें से लगभग आधे युवा उस समुदाय में होंगे, जिनका वर्तमान में सही ढंग से प्रतिनिधित्व नहीं हो पा रहा है। इनमें से कितने विद्यार्थी विज्ञान और इंजीनियरिंग पढ़ना चाहेंगे? उनमें ऐसी भावना जगाने के लिए क्या किया जाए कि उनकी रुचि इन विषयों में जगे?

हम यह कैसे सुनिश्चित करें कि उन्हें ऐसे शिक्षित किया जाए कि वे विज्ञान के क्षेत्र में आगे बढ़ें? अगर इन नौजवानों में कुछ करने की इच्छा के साथ-साथ तैयारी भी होगी तो क्या साधन भी उपलब्ध होंगे? समाज को आय के पैमाने पर नापें तो एक-चौथाई परिवार, जो निचले स्तर पर हैं, के 10 प्रतिशत युवा कॉलेज जाते हैं। ऊपर के स्तर पर यही आँकड़ा 80 प्रतिशत है। इसके लिए हम क्या कर रहे हैं?

यदि ये लोग चाहें कि तैयारी भी हो और पैसे से भी सक्षम हों तो ये विज्ञान और इंजीनियरिंग के क्षेत्र में प्रतिभा की कमी को पूरा कर सकते हैं। हमारे सामने चुनौती यह है कि इसे कैसे किया जाए? भारत की वैज्ञानिक कुशलता इस बात पर निर्भर करती है कि प्रतिभा की कमी को पूरा करें। इसके लिए हमें देश में उपलब्ध प्रतिभा की खोज करनी होगी। यह एक बड़ा कार्य है। इसके लिए उच्च माध्यमिक स्तर पर समस्याओं का हल ढूँढ़ना होगा या विश्वविद्यालयों में 'योग्यता के आधार पर दाखिला' देने से अधिक और

कुछ भी करना होगा। यह लड़ाई कॉलेज की कक्षा के दरवाजे पर नहीं लड़ी जा सकती।

जीविका अर्जित करने के लिए शिक्षा देना एक सामान्य उद्देश्य है। नेतृत्व के लिए शिक्षा देना इससे अलग बात है।

नेतृत्व के गुण पैदा करनेवाली शिक्षा एक व्यक्ति का ज्ञान के द्वारा सशक्तीकरण करती है, न कि उसे मात्र सिद्धांतों की जानकारी देती है बल्कि उनके आपसी संबंध और जीवन में उसकी उपयोगिता के बारे में भी जानकारी देती है। जैसे-जैसे विशिष्टता बढ़ती जाती है, अध्ययन की वह शाखा मुश्किल होती जाती है और बिलकुल सीमित दायरे में देखने से समस्या भी आ सकती है, अंततः यह गलत भी हो सकता है। इससे बचने के लिए और इस समस्या के हल के लिए तथा शिक्षा के आधार का विस्तार करने के लिए कई शाखाओं में कार्य करने की जरूरत है, क्योंकि विज्ञान और मानवजाति के मिलने पर विवादित मुद्दे उठते हैं, उनके समाधान कला एवं नैतिक मूल्यों में ढूँढ़ने की आवश्यकता है।

"ऐसी कोई चीज इस पृथ्वी पर नहीं है
जो अपने जन्म के रहस्य को छिपा सके;
जब बाकी सब तरीके काम नहीं करते तब भी।
सूक्ष्म तत्त्व तो रहते ही हैं।
मेरा विश्वास मेरी विरासत में है
शेष सब मुट्ठी से निकलती रेत की तरह है।"[86]

आज वैज्ञानिकों के बीच संवाद बढ़ाने की जरूरत है। जब विषय की विषमता बढ़ती जाती है तो वैज्ञानिकों को साथ-साथ एक टीम की तरह कार्य करने की जरूरत होती है—समझने, वर्णन करने, प्रेरित करने और जोर देने के लिए। एक युवा वैज्ञानिक, जो इस उद्योग से जुड़ता है, अपना काफी समय ग्राहकों, नीति-निर्माताओं, कानून बनानेवाले, पर्यावरणविदों, न्यायाधीशों,

वकीलों और पत्रकारों को वैज्ञानिक तरीकों को समझाने में व्यतीत करता है। अब जरूरत है कि वैज्ञानिक विज्ञान व तकनीक द्वारा सुझाए गए तरीकों के लिए समाज में उचित स्थान बनाएँ और समाज में विज्ञान के प्रति जो डर बैठा हुआ है, उसे खत्म करने का प्रयास करें। वैज्ञानिकों को उनके कार्यों के समाज पर पड़नेवाले प्रभाव को समझना चाहिए और उसी के अनुसार कार्य करना चाहिए। समाज भी यह चाहेगा कि सरकारी कार्यालयों में तकनीक का ज्ञान रखनेवाले ऐसे व्यक्ति हों, जिनकी शिक्षा कई क्षेत्रों में हुई हो।

वैज्ञानिक यह नहीं मानते कि उन्हें पूरा ज्ञान प्राप्त हो चुका है। गणित में ऐसा होता है कि जो तथ्य एक बार प्रमाणित हो चुके, वे गलत सिद्ध नहीं किए जा सकते; लेकिन एक सिद्ध वैज्ञानिक सिद्धांत को नए प्रमाण मिलने पर गलत ठहराया जा सकता है। सबसे मौलिक और आधारभूत सिद्धांत भी गलत सिद्ध किए जा सकते हैं, अगर प्रयोगों के नए आँकड़े पुराने सिद्धांतों से मेल नहीं खाते। इस कारण शोध के हर उस तथ्य को प्रकाशित किया जाता है, जो थोड़ा भी महत्त्व रखता हो। इससे दूसरे वैज्ञानिक, जो इस क्षेत्र में कार्य कर रहे हैं, इसपर अपने विचार रख सकते हैं तथा हाल में हो रहे बाकी शोध पर पुनर्विचार कर सकते हैं। इस तरह कई शोधकर्ता अलग-अलग कार्य करते हुए एक-दूसरे के कार्य में मदद कर सकते हैं। वैज्ञानिक सोच-विचार का मुख्य लक्षण है—पारदर्शिता।

कंजूसी का भी एक सिद्धांत होता है। इसमें सभी वैज्ञानिक सिद्धांतों को बनाने के बाद सबसे अच्छे और संभावित सिद्धांत को उपलब्ध प्रमाण के आधार पर चुन लिया जाता है। विज्ञान की कुछ खोजें विरोधाभासी भी होती हैं। उदाहरण के लिए, आणविक सिद्धांत से यह समझ आता है कि ग्रेनाइट पत्थर—जो एक भारी, सख्त व ठोस, स्लेटी वस्तु दिखाई देता है, वास्तव में अणु को बनानेवाले कणों से बना होता है, लेकिन इनका कोई लक्षण नहीं दिखाई देता। ये कण तेजी से घूमते रहते हैं और खंड के एक

छोटे से हिस्से में ही पदार्थ होता है। विश्व की गतिविधियों के बारे में बहुत सी मान्यताएँ हैं, जिनके बारे में लोग एक विशेष तरीके से सोचते थे। उसे अब वैज्ञानिक खोजों ने चुनौती दी है। क्वांटम मेकैनिक्स विशेषकर उस घटना की जाँच करती है, जो विश्व के बारे में हमारी सबसे मौलिक समझ व धारणाओं को गलत ठहराती है।

क्या विज्ञान का भी कोई लक्ष्य है ? मेरे विचार से विज्ञान का आधारभूत लक्ष्य व्यक्ति एवं समाज के जीवन को सुखी बनाने के क्रियात्मक मॉडल विकसित करना है। अगर हम यह कहें कि विज्ञान पूरी तरह प्रमाणों पर आधारित है तो सही नहीं होगा। मानवीय इंद्रियों से कुछ जान पाना लगभग असंभव है, क्योंकि इसकी क्षमता बहुत सीमित है। मानव वह नहीं सुन-देख सकते जो चमगादड़ सुन सकते हैं या बिल्लियाँ देख सकती हैं। इस विश्व में लोग जो देखते हैं या समझते हैं, उसे आधार मानकर वैचारिक परिकल्पनाएँ प्रस्तुत करते हैं।

कई परिकल्पनाओं को जोड़कर वैज्ञानिक धारणा व सिद्धांत बनाते हैं। इन सिद्धांतों से समाज को और जो व्यक्ति इसका उपयोग करते हैं उनको, लाभ होता है। उदाहरण के लिए, न्यूटन के भौतिकी के सिद्धांत विभिन्न भौतिक प्रक्रियाओं के बारे में बताते हैं—बिलियर्ड की गेंदों के आपस में टकराने से लेकर उपग्रह को छोड़ने की दिशा तक। सापेक्षता के सिद्धांत से हम सूर्य के गुरुत्वाकर्षण बल का लाखों-करोड़ों मील दूर किसी पदार्थ पर प्रभाव देख सकते हैं। मोटे तौर पर ही सही, लेकिन आजकल सामाजिक विज्ञान की मदद से हम यह अनुमान लगा सकते हैं कि आर्थिक स्थिति में तेजी से बदलाव कैसा रहेगा या मानव-व्यवहार की बेहतर समझ या समाज के उपयोगी नमूने बनाकर सरकार की नीतियों के साथ कार्य करते हैं।

हालाँकि आमतौर पर ऐसा माना जाता है, लेकिन विज्ञान का लक्ष्य सभी प्रश्नों का उत्तर देना नहीं है। विज्ञान का लक्ष्य केवल उन्हीं प्रश्नों का उत्तर देना है, जो वास्तविक लगते हैं। विज्ञान ऐसे सत्य नहीं बना सकता,

जिस पर प्रश्न न उठाए जा सकते हों। विज्ञान तो इस विश्व की कुछ वस्तुओं और घटनाओं का परीक्षण करके एक ऐसा सिद्धांत देता है, जिससे काफी हद तक वर्णन किया जा सकता है।

रसायन तथा जीव विज्ञान दोनों ने साथ मिलकर हमारी रासायनिक व जैविक क्रियाओं और परिदृश्यों का पूर्वानुमान लगाने की हमारी योग्यता में मूलभूत परिवर्तन किया है। रामा रेड्डी गुंतका टिंसी विश्वविद्यालय के एक अणु वैज्ञानिक एवं प्रोफेसर हैं और उन्हें बाइरोलॉजी व आणविक विज्ञान में तीस वर्ष का अनुभव प्राप्त है। वे उस समूह के सदस्य रहे, जिसे प्रोटो-ऑनकोजीस पर सन् 1989 में 'नोबेल पुरस्कार' के लिए चुना गया। उन्होंने पहली बार भारतीय मूल के हेपेटाइटिस 'सी' वायरस के संपूर्ण जीनोम की क्लोनिंग तथा सीक्वेंसिंग की। गुंतका ने ओलीगोमरस के वैश्विक पेटेंट की बात कही। इससे कॉलेजन जीन्स की अभिव्यक्ति को रोका जा सकता है। यह न्यूक्लिक आधारित दवा ही जिगर, गुरदे, फेफड़े तथा हृदय जैसे अंगों के रेशेदार हो जाने को रोकती है। गुंतका ने बहुत सी पूँजी लगाकर हैदराबाद में प्रयोगशाला स्थापित की, जिससे जैव-तकनीक में गहन शोध किया जा सके।

हालाँकि आधुनिक समय में इन अलग-अलग विषयों को मिलाकर बेहतर और सभी सुविधाओं से संपन्न औजार व नमूने बनाए जा रहे हैं। विज्ञान का एक लक्ष्य यह भी है कि कई घटनाओं को एक सिद्धांत या कई सारे सिद्धांतों से परिभाषित किया जाए।

हालाँकि जैव तकनीक अभी शुरुआती स्तर पर है। कुछ तकनीकें तो इतनी आम हो चुकी हैं कि लोग यह नहीं समझ पाते कि ये उपलब्धियाँ कितनी महान् थीं। उदाहरण के लिए, रेफ्रीजरेशन की खोज। उस समय यह खोजना था कि तरल पदार्थ जब वाष्प में बदल जाता है तो ऊर्जा बन जाता है, इसे 'लेटेंट ऊर्जा' कहते हैं। इस सिद्धांत को सन् 1876 में पहली बार प्रयोग में लाया गया और उससे बने रेफ्रीजरेटर ने आम जनता को स्वस्थ बनाए रखने में अहम भूमिका अदा की। सन् 1880 के दशक में बनी पहली

स्वचालित गाड़ी में उन दिनों के भौतिकी एवं इंजीनियरिंग के आविष्कारों का प्रयोग किया गया, जिसमें अधिक वोल्टेजवाली स्पार्क भी थी। फिर 1940 के दशक में इलेक्ट्रॉनिक्स या गणित के योगदान से कंप्यूटर बने।

खाद्य तकनीक में शोधकार्य करके खाद्य-पदार्थों को लंबे समय तक सुरक्षित रखने तथा उन्हें भिन्न-भिन्न स्वाद में उपलब्ध कराने का महत्त्वपूर्ण कार्य हुआ। औद्योगिक रसायनशास्त्र में शोध से अनेक तरह की प्लास्टिक और अन्य रसायन उपलब्ध हुए हैं, जिनका उपयोग घरों व उद्योगों में किया जाता है। कृत्रिम तत्त्वों से उनकी विषम आकृतियाँ बनाकर मशीन, बिजली, गाड़ियों के पुर्जे, वैज्ञानिक और औद्योगिक उपकरण, सजावटी वस्तुएँ, डिब्बे व अन्य कई वस्तुएँ बनाई जाती हैं।

इन सबके साथ-साथ विज्ञान ने एक ऐसी तकनीक उपलब्ध कराई, जो मानव जीवन की सुरक्षा में मदद करती है। गुरदे के काम न करने की स्थिति में रक्त को साफ करने की मशीन (डायलेसिस) ने बहुत से लोगों की जान बचाई है। कृत्रिम वॉल्वों के इस्तेमाल से हृदय रोग के मरीज अच्छा जीवन जी रहे हैं। जैव रासायनिक अनुसंधान एंटीबायोटिक्स व टीके बनाने के काम आ रहा है, जिस कारण हम संक्रमित बीमारियों से बचे रहते हैं। इसके अलावा बहुत सी दवाओं के प्रयोग से अनेक स्वास्थ्य समस्याओं पर काबू कर लिया गया है। इसका परिणाम यह है कि इस पृथ्वी पर अधिकतर लोग पहले से अधिक समय तक जीवित रहते हैं और स्वस्थ रहते हैं।

वैज्ञानिक खोजें मानव जीवन पर नकारात्मक प्रभाव भी डाल सकती हैं। औद्योगिक एवं कृषि में प्रयोग होनेवाले रसायन वैश्विक पर्यावरण को नुकसान पहुँचा रहे हैं। शहर की हवा गाड़ियों से निकलनेवाले धुएँ से प्रदूषित हो रही है। तेल, कोयला और प्राकृतिक गैस वातावरण में कार्बन डाइऑक्साइड और अन्य पदार्थ छोड़ते हैं, जिन्हें हम 'ग्रीन हाउस गैस' कहते हैं। इन गैसों ने हमारे वातावरण की संरचना को बदल दिया है, जिससे विश्व भर के वायुमंडल में गरमी बढ़ रही है। इससे (ग्लोबल वार्मिंग) आनेवाले समय

में हमारी पृथ्वी के वातावरण में बड़ा बदलाव नजर आएगा।

यहाँ ब्राउनियन मोशन (गति) की प्रक्रिया मेरे मन में उभर आती है। अगर यह मानें कि एक मीटर के घेरे का एक बड़ा सा गुब्बारा है, जो एक भीड़भाड़वाले इलाके में रखा गया है। यह इतना बड़ा है कि कई लोगों के सिर से भी ऊपर निकल रहा है। क्योंकि ये लोग रोमांचित हैं, हर कोई इस गुब्बारे को अलग-अलग समय पर अलग-अलग दिशाओं से धकेल रहा है और गुब्बारा बिना किसी निश्चित ढंग से हिल रहा है। क्योंकि सब लोग अलग-अलग दिशाओं से इसे छेड़ रहे हैं, वास्तव में देखा जाए तो गुब्बारा अपनी जगह से हिला ही नहीं। अब एक समय में लगनेवाले बलों को देखें और मानें कि बीस लोग इसे दाईं तरफ धकेल रहे हैं और इक्कीस लोग बाईं तरफ। यह भी मानें कि सभी लोग बराबर बल लगा रहे हैं; क्योंकि बाईं और दाईं तरफ के बल संतुलित नहीं हैं, गुब्बारा थोड़ा सा बाईं तरफ सरक जाएगा। यह असंतुलन हर समय बना रहता है और गुब्बारा बेतरतीबी से हिलता रहता है। अगर हम इस स्थिति को ऊपर से देखें तो हम लोगों को नहीं देख पाएँगे। हमें बस एक बड़ा गुब्बारा दिखाई देगा—एक छोटी सी वस्तु की तरह, जो बेतरतीबी से हिल रहा है।

अब ब्राउन के पॉलेन कण के बिना किसी निश्चित तरीके से पानी में तैरने को देखें। पानी के अणु का आकार नैनो मीटर होता है और पॉलेन कण का आकार माइक्रोमीटर का, तो पॉलेन कण पानी के कण से हजार गुना बड़ा हुआ। इस प्रकार पॉलेन कण को हम बड़े गुब्बारे की तरह मानते हैं, जिसे पानी के कण लगातार टक्कर मार रहे हैं। पानी या तरल पदार्थ के कणों के टकराने से जो ब्राउनियन गति एक कण में होती है, वह उसपर लगनेवाले बलों में उस क्षण हो रहे असंतुलन से होती है। हमारा देश भी एक गुब्बारे की तरह हिलता रहता है, जब हजारों-लाखों लोग इसे धकेलते रहते हैं। भारत देश में जो उपलब्धियाँ नजर आती हैं वे वास्तव में इन्हीं प्रयासों का परिणाम हैं।

भारतीय विज्ञान के बारे में राज रेड्डी (सन् 1937 में जनमे), जो मोजाह बिंट नासिर विश्वविद्यालय में कंप्यूटर के प्रोफेसर हैं और कारनेंज मेलन विश्वविद्यालय में रोबोटिक्स के प्रोफेसर हैं, अपने विचार रखना चाहते हैं। उनका कहना है कि भारतीय वैज्ञानिक विदेशी विज्ञान पर कार्य कर रहे हैं, न कि भारतीय विज्ञान पर। उन्होंने मुझसे कहा कि ग्रामीण नौजवान—चाहे वे अच्छी बुद्धिमत्ता रखते हों, राष्ट्रीय प्रतियोगी परीक्षाओं में सफल नहीं हो पाते, क्योंकि ऐसी परीक्षाओं की यह माँग होती है कि परीक्षार्थी अंग्रेजी भाषा, शाब्दिक, संख्यात्मक तथा तार्किक कौशल में निपुण हों—और यह सब इन्हें कभी पढ़ाया नहीं जाता। वे आंध्र प्रदेश में इक्कीसवीं शताब्दी का 'गुरुकुलम्' स्थापित करने में लगे हैं। यह सूचना प्रौद्योगिकी में स्नातकोत्तर स्तर की आवास (होस्टल) की सुविधा सहित प्रतिभा-संपन्न ग्रामीण नौजवानों के लिए एक उपयुक्त संस्थान होगा।

गुब्बारे के उदाहरण को देखें तो भारत बहुत बड़ा गुब्बारा है। इतना कि कई लाख उत्साहित लोग मिलकर अगर इसे हिलाएँ तो ही यह हिल सकता है। गाँवों में जो भारत सोया हुआ है, उसे जगाना ही होगा। गाँवों के नौजवानों की किस्मत में कृषि कार्य के अलावा कुछ और भी हो सकता है।

□

8

शिक्षा : अध्यात्म की ओर एक कदम

प्रत्येक नागरिक को सम्मानपूर्वक जीने का अधिकार है। उसे यह भी अधिकार है कि वह श्रेष्ठ एवं उत्कृष्ठ स्तर को प्राप्त करने की इच्छा करे। प्रजातंत्र का अर्थ ही है साधनों एवं अवसरों की समान रूप से सबके के लिए उपलब्धि।[87]

प्रतिवर्ष 5 सितंबर को भारत शिक्षक दिवस मनाता है। इस दिन शिक्षकों का सम्मान किया जाता है। 5 सितंबर भारत के द्वितीय राष्ट्रपति एवं शिक्षक-दार्शनिक सर्वपल्ली राधाकृष्णन (1888-1975) का जन्मदिन है। उनका सपना था कि देश के सबसे अच्छे मस्तिष्कवाले लोग ही शिक्षक बनें। अपने राष्ट्रपतित्व काल में मैंने पाँच बार सम्मानित व प्रतिष्ठित विभिन्न शिक्षकों को ये पुरस्कार दिए। मैं यह सोचता था कि हर बार मैं उनसे बात करूँ और उनके अनुभवों को सुनूँ। जो विनम्र किंतु सच्ची घटनाएँ वे बताते थे, उनसे कई रोचक तथ्य सामने आते। उनसे बातचीत करके मुझे उस पीड़ा

के बारे में पता चला, जो आजकल के भारत में अधिकतर शिक्षक अनुभव करते हैं।

महाराष्ट्र से आए एक स्कूली शिक्षक 'असंगति एवं दूरी के दर्द' से दुःखी थे। यह दूरी या अलगाव अपने साथियों एवं विद्यार्थियों के साथ-साथ स्वयं के हृदय से भी था।

हमारी संस्कृति, स्कूलों का आकार और माता-पिता की अवधारणाएँ इतनी बदल गई हैं कि एक शिक्षक को ये सब बहुत विचित्र लगती हैं। आजकल अधिक अंक लाकर 'प्रतिष्ठित' कॉलेजों में प्रवेश 'पाने' पर जोर है और इस दबाव ने इन युवाओं पर गहरा आघात किया है, जिससे धैर्य और करुणा के गुण समाप्त होते जा रहे हैं। हमारी शिक्षा-प्रणाली में विश्वसनीयता और मिल-जुलकर कार्य करने की इच्छा समाप्त होती जा रही है। स्वार्थी प्रवृत्ति आजकल के विद्यार्थियों में स्पष्ट दिखाई देती है। कुछ उद्योगपतियों को शिक्षा व्यवसाय में लाभ दिखाई देता है और इसलिए वे शिक्षा-सेवा क्षेत्र का एक व्यवसाय बनकर रह गया है। ऐसा नहीं है कि इसका समाज पर कोई गंभीर असर न पड़े।

मैं सूरत में सितंबर 2003 में आध्यात्मिक गुरुओं से मिला। आचार्य महाप्रज्ञ (जन्म 1920) के आश्रम में (जो तेरापंथ के दसवें आचार्य हैं) हिंदू, बौद्ध, ईसाई, सिख एवं इसलाम धर्म के पंद्रह धर्मगुरु थे और हमने मिलकर सूरत आध्यात्मिक घोषणा-पत्र जारी किया। धार्मिक गुरु इस बात से चिंतित थे कि अधिकतर विद्यालयों में, विशेषकर जो छोटे शहरों में हैं, बच्चों को पूछने-जानने की स्वतंत्रता देकर सशक्तीकरण करने के बजाय केवल सिंद्धांतों और घिसी-पिटी चीजें पढ़ाकर छात्रों को वश में रखा जाता है। आत्मा के अंकुर को पनपाने के बजाय कोशिश यह की जा रही है कि विद्यार्थी के जीवन में शिक्षा से पड़नेवाले वांछित प्रभाव को जबरदस्ती थोप दिया जाए।

यह घोषणा-पत्र भारतीय युवाओं के मन को अध्यात्म द्वारा उनकी

जिज्ञासाओं को दबाने से बचाने का एक प्रयास था। भारत जैसी आध्यात्मिक विविधतावाले देश में सबसे पहले यह कहना चाहिए कि विद्यार्थियों को आध्यात्मिक परंपराओं पर उनके विचार, विश्वास और व्यवहार को आँकना चाहिए। यदि हम विद्यार्थी के औपचारिक शिक्षा पूरी करने तक उन्हें एक आध्यात्मिक परंपराओं के 'ढाँचे' के अनुसार बना सकें तो यह बहुत पवित्र कार्य होगा। अध्यात्म को ऐसा परिदृश्य जरूर बनाना चाहिए जो वर्तमान में, उससे पहले और आनेवाले समय के बारे में समझ बनाता हो। क्या धार्मिक शब्दावली को बीच में लाए बिना एक युवा विद्यार्थी के लिए अध्यात्म का वर्णन किया जा सकता है?

सबसे पहले तो यह महत्त्वपूर्ण है कि हम यह जाने कि धर्म में अध्यात्मक एवं धर्म से परे अध्यात्म में क्या अंतर है? धर्म में अध्यात्म ऐसे स्वर लिये होता है, जो आम न होकर व्यक्तिगत होते हैं। यह कम रूढ़िवादी होता है, नए एवं बहुत सारे विचारों के लिए खुला दृष्टिकोण अपनाता है और कई धर्मों के विचारों को प्राप्त करता है। यह उस धर्म के मान्य विचार, जो उस धर्म को माननेवाले अपने ईश्वर या देवता के प्रति रखते हैं, उनसे अलग अपना विश्वास बना सकता है।[89]

मैं अध्यात्म को एक वास्तविकता मानता हूँ, जिसे आस-पास के वातावरण पर अधिक ध्यान देकर समझा जाए और फिर उसे अधूरा मानकर और अधिक समझने की कोशिश की जाए। अध्यात्म सपने देखने की विशाल क्षमता है, उस बारे में सोचना, जिसकी संभावना बहुत कम होती है। फिर भी, वर्तमान जीवन की संभावनाओं में यह सबसे बड़ी होती है। मैं समझता हूँ कि अध्यात्म ऐसा कुछ है जो दूसरों के साथ हमारा संबंध बनाता है और कभी-कभी अकेले भी रहने की जरूरत होती है। मेरे विचार से, आध्यात्मिक सोच हमें विश्व के विस्तार में भागीदार बनाती है। अध्यात्म वास्तव में ब्रह्मांड से जुड़ने का विषय है। इसे इस प्रकार सोचा जा सकता है कि इसमें मन, हृदय तथा शरीर को काम में लाया जाता है और हमेशा

हमें अपने कार्य के नतीजों की चिंता रहती है।[90]

मैं ऐसा महसूस करता हूँ कि अध्यात्म ईश्वर के धीमे कार्य में विश्वास करना है। यह स्वाभाविक ही है कि युवा विद्यार्थी हर चीज जल्दी-जल्दी पाना चाहते हैं। वे बीच की सीढ़ियों को छोड़कर जल्दी-जल्दी नई और अनजान मंजिल को पाना चाहते हैं। मैं यह चाहता हूँ कि वे इस बात को समझें कि यह एक नियम है कि उन्नति को अस्थिरता के दौर से तो गुजरना ही पड़ेगा।

युवा विद्यार्थियों को यह सीखना पड़ेगा कि इनके सपने धीरे-धीरे ही परिपक्व होंगे। उन्हें विकसित होने दें। उन्हें आकार लेने के लिए खुला छोड़ दें—बिना किसी जल्दबाजी के, इनके साथ जोर न आजमाएँ। शिष्टता और परिस्थितियाँ, जो आपके अपने प्रभाव व प्रतिष्ठा पर कार्य कर रही हैं, वे आपके सपनों को साकार करने में जरूर मदद करेंगी।

मैंने अपने जीवन में यह देखा है कि जो लोग सही दिशा में तैरते हैं, वे हमेशा अपने आपको खुले समुद्र की ओर ले जानेवाली लहरों के बीच पाते हैं। जितनी सज्जनता से एक व्यक्ति कार्य करता है उतनी ही उसकी महान् और विशिष्ट लक्ष्य पाने की इच्छा बढ़ती जाती है। वह परिवार, देश या कार्य के पारिश्रमिक से संतुष्ट नहीं रह पाता और बड़ी-बड़ी संस्थाएँ बनाना चाहता है, नए रास्ते खोजना चाहता है। ऐसे लोग कारण ढूँढ़ते हैं और सत्य खोजते हैं।

सच्चा अध्यात्म यह चाहता है कि हम सत्य के लिए खुला रुख अपनाएँ, जो भी सत्य हो और जो भी वह सत्य हमें बनाना चाहता है। ऐसा अध्यात्म यह नहीं बताता कि हमें कहाँ जाना चाहिए, लेकिन यह विश्वास दिलाता है कि कोई भी कार्य, जो ईमानदारी से किया जाए, वह हमें ज्ञान के रास्ते पर ले जाएगा। ऐसा अध्यात्म हमें विविधता और विवाद का स्वागत करने के लिए प्रेरित करता है। इस समझ से शिक्षा का अध्यात्म यह नहीं कहता कि हम निष्कर्ष के लिए सोचें। यह सीखने और सिखाने

के अंदरूनी तरीकों को परखने और स्पष्ट करने के बारे में है, जो हमें समय और मन में आ चुके बुरे प्रभावों से छुटकारा दिलाता है।[91]

रूमी ने जीवन के उद्देश्य का वर्णन करते हुए कहा, "यह जानना कि हम कैसे जाने जाते हैं।"[92] लेकिन आजकल यह आसान नहीं है। आजकल शिक्षा में ज्ञानार्जन का तरीका भय और असुरक्षा से उपजता है। यह शिक्षक उनके विषय और विद्यार्थियों के बीच के संबंधों में बिखराव पैदा कर रहा है। आस-पास के लोगों या परिस्थितियों पर नियंत्रण करने की इच्छा से प्रेरित ज्ञान से परे भी सोचने की जरूरत है। अर्थशास्त्र का ज्ञान, जो संसाधनों के बेहतर उपयोग से संबंधित होता है, अपने आप में अपना उद्देश्य पूरा कर देता है। प्रायोगिक विज्ञान व्यावहारिक उपलब्धियों के लिए साधन है। एक और तरह का ज्ञान हमें उपलब्ध है—वह ज्ञान जो प्रेम और दया से उपजता है। चिकित्सा और नर्सिंग का कार्य इसी ज्ञान पर फल-फूल रहा है।

प्रेम से उपजे ज्ञान का उद्देश्य दुःखी मानवों की मदद करना होता है, जिन्हें परेशानियों ने घेर रखा है। वह ज्ञान, जो सद्भावना से उपजता है, वह किसी बनी हुई चीज को लाभ उठाने तथा हेरा-फेरी करने का लक्ष्य नहीं मानता। वह विश्व को अपने साथ लेकर चलने की बात करता है। जब हृदय प्रेम की ओर जाता है, सद्भावना से प्रेरित मन जानने की कोशिश करता है। इस प्रकार ज्ञान और प्रेम एक ही तरह के कार्य हैं। इस प्रकार विचारने से हम एक समुदाय की तरह जाने जाते हैं—वासुदेवाय कुटुम्बकम्। इस प्रकार हमारा ज्ञान समुदाय में रिश्तों को नए आयाम तक ले जाता है, जहाँ सभी की सुरक्षा और स्वास्थ्य सुनिश्चित रहता है—योगक्षेम वहाम्यहम्।[93]

निरंतर बढ़ते हुए ध्रुवता के रोचक विचार ने विच्छेद को बौद्धिक गुण ऊँचे स्तर तक पहुँचा दिया। 'नोबेल पुरस्कार' से पुरस्कृत डेनमार्क के भौतिकशास्त्री नील्स बोर (1885-1962) ने एक बार कहा था कि

"सत्य वक्तव्य का विपरीत गलत वक्तव्य है, किंतु गंभीर सत्य का विपरीत दूसरा गंभीर सत्य ही हो सकता है।" अगर दिन है तो रात भी होगी और आनंद है तो पीड़ा भी होगी। कभी-कभी एक चीज को सही या गलत अथवा पक्ष या विपक्ष में बाँटने से सत्य का पता नहीं चलता, दोनों ही पक्षों को एक साथ लेकर आँकना पड़ता है। कभी-कभी सत्य दो विपरीत सी लगनेवाली चीजों के मिलने से बनता है। अगर हम सत्य जानना चाहते हैं तो हमें यह सीखना होगा कि विपरीत मुद्दों को कैसे सुलझाया जाए। भारत की धर्मनिरपेक्ष पद्धति इस प्रकार की सत्यता का जीवंत उदाहरण है।

पढ़ाने का अर्थ है—व्यक्ति को वास्तविकता से जोड़ना। वास्तव में इसमें हमें शिक्षा के आध्यात्मिक स्वरूप को समझने की जरूरत है। यहाँ तीन तरह की आध्यात्मिक गतिविधियाँ महत्त्वपूर्ण हैं, जैसे—1. पवित्र ग्रंथों का अध्ययन, 2. प्रार्थना और चिंतन का अभ्यास और 3. समाज के जीवन का इतिहास। बौद्ध धर्म में यह बहुत अच्छे ढंग से बताया गया है—बुद्धं शरणं गच्छामि, धम्मं शरणं गच्छामि, संघं शरणं गच्छामि—यानी मैं बुद्ध की शरण में जाता हूँ, सद् व्यवहार की शरण में जाता हूँ और समुदाय की शरण में जाता हूँ।[95]

समाज वास्तव में संबंधों का एक बहुत विषम जाल है, जिसमें हमें बोलना तथा सुनना पड़ता है, दूसरों को समझाना पड़ता है और अपने आपको दूसरों के प्रति उत्तरदायी बनाना पड़ता है। शिक्षक होने के नाते सत्य पर आधारित समाज बनाना ही हमारा लक्ष्य होना चाहिए। हमारे शिक्षकों में से ऐसा एक समुदाय उभरना चाहिए, जिसमें प्रामाणिक शिक्षा को सँभालने की क्षमता हो।

सितंबर 2006 में मैं तंजावूर के ए. वीरैया वंदयार स्मारक श्री पुष्पम् कॉलेज के दौरे पर गया। वीरैया वंदयार ने गाँव की जनता को शिक्षा का लाभ पहुँचाने के लिए एक ग्रामीण इलाके में पचास वर्ष पहले इस संस्थान

की स्थापना की। एक अच्छे शैक्षिक संस्थान के तीन गुण, जो मुझे समझ आते हैं, वे हैं—खुलापन, सीमाएँ और आदर भाव का वातावरण।

शिक्षक और विद्यार्थियों को साथ मिलकर समस्याएँ सुलझानी होंगी, चाहे वे जटिल हों, दैनिक कार्य का दबाव हो या अन्य रुकावटें। अगर शिक्षण की प्रक्रिया को कोई ढाँचा नहीं दिया गया है तो यह पीड़ादायक हो सकता है। यह जरूरी है कि एक-दूसरे से वार्त्तालाप कर अपने संघर्ष व नए विचारों को खुले मन से स्वीकार करें। एक अच्छी कक्षा में सत्य पर ही सबकुछ केंद्रित रहता है। यह ऐसी जगह है, जहाँ हर अपरिचित व्यक्ति और अज्ञात तथ्य का स्वागत किया जाता है।

शिक्षण संस्थाओं को सत्य और ईमानदारी से बोलनेवालों का स्वागत करना चाहिए। लोगों में अपने विचार और भावनाओं को सामने रखने की क्षमता होनी चाहिए। इसमें ऐसा वातावरण बनाना शामिल है, जिसमें व्यक्ति अपने आपको व्यक्त कर सके, लोग एक साथ मिलकर अपनी बात कह सकें और इच्छाएँ व्यक्त कर सकें। शिक्षण संस्थाओं को लोगों के अनुभव का स्वागत करना चाहिए।

अगर हम उस हृदय को उल्लास से नहीं भर सकते, जो अच्छे शिक्षण का आधार है तो हम शिक्षा व्यवस्था में सुधार नहीं कर सकते। अच्छा शिक्षण कार्य मात्र एक तकनीक नहीं है। अच्छा शिक्षण शिक्षक की प्रतिबद्धता और ईमानदारी से आता है। इसका अर्थ है कि वे दोनों एक-दूसरे को जानते हैं। इस प्रकार अच्छे शिक्षक अपने आप से, कार्य से, अपने विद्यार्थियों से तथा अपने विषयों से जुड़े होते हैं। यह एक ऐसा कार्य है, जो समृद्धि और संपूर्णता को बढ़ाता है।[96]

किसी भी अन्य कार्य की तरह, यह भी व्यक्ति के स्वयं के अंदर से उपजता है। जब भी मैं पढ़ाता हूँ, अपनी आत्मा को अपने विद्यार्थियों में पाता हूँ, अपने विषय में पाता हूँ कि हम लोग एक साथ हैं। अगर मैं स्वयं को नहीं जानता तो अपने विद्यार्थियों को भी नहीं जान सकता।

अपने जीवन की परछाइयों को इन विद्यार्थियों में देखता हूँ, जैसे एक धुँधले शीशे में देख रहा हूँ और जब मैं उन्हें साफ-साफ नहीं देख सकता तो उन्हें सही ढंग से पढ़ा भी नहीं सकता—जब मैं अपने आपको नहीं जानता, अपने विषय को भी नहीं जानता—कम-से-कम जितना मैं समझता हूँ, उस स्तर तक तो नहीं। मोटे तौर पर मैं इसे विचारों के समूह की तरह जानता हूँ, जैसे कि मैं शेष दुनिया से अलग हो गया हूँ और उससे भी, जिसे मैं यथार्थ मानता हूँ। अगर हम यह नहीं जानते कि हम कौन हैं, तो उनको भी नहीं जान सकते, जिनके साथ हम काम करते हैं, या वे विषय जिन्हें हम पढ़ाते हैं तथा उसे और अधिक जानना चाहते हैं।[97]

हम में से बहुत से लोगों को पढ़ाने के लिए एक मार्गदर्शक के अलावा एक प्रिय विषय की रुचि भी आकर्षित करती है। हम ज्ञान की ओर आकर्षित होते हैं, क्योंकि यह हमारी पहचान पर प्रकाश डालने के साथ-साथ विश्व को भी प्रकाश देता है। मात्र हम ही पढ़ाने के लिए विषय को नहीं ढूँढ़ते, विषय भी हमें ढूँढ़ता है। हमें भी उस विषय की पुकार सुननी होगी। अन्य विषयों को सुनना, उनपर विचार करना भी जरूरी है, यदि हमें अपने को और अपने जोश को अच्छे शिक्षकों की तरह सँभालकर रखना है।

शिक्षण एक व्यवसाय नहीं है। यह समाज के प्रति दायित्व-भाव की एक पुकार है, एक नैतिक माँग है जो हमें वह बनने को कहती है, जो हम अभी तक नहीं हैं—उससे कुछ अलग, कुछ बेहतर और जो हमारी पहुँच से बाहर है। शिक्षण को व्यवसाय की तरह अपनाना एक उपहार लेने के समान होता है, न कि किसी उपलब्धि के लिए। इस व्यवसाय की माँग 'बाहर से' नहीं होती, 'अंदर से' होती है कि मैं जिस कार्य के लिए जनमा, वह करूँ और ईश्वर ने जो मेरी परिभाषा बनाई, उसे साकार करूँ। पढ़ाने की सच्ची आवाज 'अपने अंदर के शिक्षक से आती है, ऐसी आवाज जो मुझे अपनी वास्तविक प्रवृत्ति का आदर-सम्मान करने

के लिए पुकारती है।'[98]

मेरे मित्र जी. वेंकटरामन, जो एक दक्ष शिक्षक हैं, सी.वी. रमण की पुस्तक—'द बिग ऐंड द स्माल' के बारे में एक कहानी सुनाते हैं। रमण 'भारतरत्न' पानेवाले उन लोगों में से हैं, जिन्हें यह पुरस्कार पहले-पहल दिया गया। जब उन्हें यह पुरस्कार दिया जाना था तब राष्ट्रपति डॉ. राजेंद्र प्रसाद ने रमन को राष्ट्रपति भवन में व्यक्तिगत मेहमान के तौर पर आमंत्रित किया। रमण ने खेद प्रकट किया कि इस समय वे एक शोधकर्ता का मार्गदर्शन कर रहे हैं, जो पूरा होने को है और यह विद्यार्थी अपना कार्य समाप्त करने ही वाला है। रमण ने यह ठीक समझा कि वे विद्यार्थी को महत्त्व दें और यह सुनिश्चित करें कि उसका शोध-कार्य पूरा हो और वह इसपर दस्तखत कर दें, जिससे इसे स्वीकार करने के लिए पेश किया जा सके। एक शिक्षक को ऐसा ही होना चाहिए। उन्होंने विद्यार्थी का पक्ष लेना ही अपना कर्तव्य समझा और उस भव्य-दिव्य समारोह को छोड़ दिया, जिसके साथ इस देश का सर्वोच्च सम्मान जुड़ा था।

मिट्टी का जो अर्थ पृथ्वी के लिए है, वही शिक्षकों का समाज के लिए है। जैसे मिट्टी पृथ्वी को बनाती है, शिक्षक वह आधार है, जिससे मानव पीढ़ी-दर-पीढ़ी हर प्रकार से सहायता पाता है तथा ज्ञान अर्जित कर काम करता है। जैसे मिट्टी बीज को संरक्षण देती है और पौधे की जड़ों की भौतिक रूप से मदद करती है कि वे उपजें बढ़ें, पूर्णतः विकसित होकर बीज बनाएँ और जीवन-चक्र पूरा करें, वैसे ही शिक्षक युवा मन को तैयार करते हैं, मार्गदर्शन करते हैं कि वे सफल हों और विकास का केंद्र बनें। जैसे मिट्टी में सही अनुपात में तत्त्व उपलब्ध होते हैं और जो पौधे उसमें उग रहे हैं, मिट्टी उन्हें पोषक तत्त्व उपलब्ध कराती है, शिक्षक अपने अंदर परंपराओं को सँजोते हैं। जैसे मिट्टी मृतजीव सामग्री के विघटन में मुख्य भूमिका निभाती है और इस प्रकार न सिर्फ बहुत से हानिकारक कीटाणुओं को निष्क्रिय करती है बल्कि बहुत से पोषक तत्त्वों

को अपने अंदर समेट लेती है, शिक्षक भी विद्यार्थियों के आवेग को समेटते हैं और जो नौजवान विद्यार्थी शैतान होते हैं, उन्हें रास्ते पर लाते हैं। अलग-अलग तरह की मिट्टी एक साथ मिलकर पृथ्वी पर कार्बन, नाइट्रोजन और सल्फर जैसे मुख्य तत्त्वों के चक्र को नियंत्रित करने में जरूरी भूमिका निभाती हैं। शिक्षक संस्कृति को सँभालते हैं और उसे बेहतर बनाते हैं। अंत में, जैसे मिट्टी मनुष्यों के साथ-साथ सभी जीवों को, जो पृथ्वी के ऊपर और अंदर हैं, आधार उपलब्ध कराती है वैसे ही शिक्षकों पर ही 'समाज' की इमारत खड़ी होती है।"

पृथ्वी को वास्तविकता का प्रतीक माना जाता है। अपने वृहद् रूप में 'वास्तविकता' में सबकुछ सम्मिलित होता है, जैसे कि वह देखा या महसूस किया जा सकता है, उसे समझा जा सकता है, वह वैज्ञानिक-दार्शनिक या अन्य किसी प्रक्रिया से विश्लेषण करने पर तर्क की कसौटी पर सही नहीं बैठता। इस तरह से वास्तविकता में होना और न होना दोनों शामिल हैं। जब दो या दो से अधिक व्यक्ति किसी घटना के घटने के अनुभव को एक तरह से ही अनुभव करते हैं, तो घटना के बारे में और उसके अनुभव के लिए एक आम राय बनने लगती है। यह प्रक्रिया कुछ लोगों में या एक बड़े समूह में एक जैसी होती है और इस प्रकार 'सत्य' वह चीज है, जिससे कुछ लोग सहमत होते हैं। इस प्रकार हर समूह के पास कुछ सत्य बातों पर सहमति होती है। लेकिन दूसरे समूह में अलग प्रकार की चीजों पर सहमति होती है। इस प्रकार अलग-अलग समुदायों और समाजों में वास्तविकता और बाहरी विश्व की वास्तविकता के बारे में अलग-अलग धारणाएँ होती हैं।

भिन्न-भिन्न समुदाय वास्तविकता और बाह्य विश्व के बारे में अलग-अलग धारणाएँ रखते हैं। समाज एवं समुदायों की मान्यताएँ और धर्म इस प्रकार की वास्तविकता का एक उदाहरण हैं। कवयित्री डोरथी वाल्टर्स लिखती हैं—

"इससे फर्क नहीं पड़ता कि आप क्या जानते हैं
हमेशा आपको कोई सही राह बताना चाहता है।
कुछ 'आधिकारिक चीजें' या विचार आपको समझाना चाहते हैं।
सभी 'आधिकारिक चीजें' बेजान हो गईं।
उस बाढ़ के वर्षों बाद
जिसमें वास्तविक ज्ञान बह गया और
छोड़ गया यह सिर्फ बेजान पत्थर।
वास्तविकता हमेशा एक मुलायम-गीली मिट्टी जैसी होती है
जो हमेशा अपना आकार बदलती रहती है।
आप इसे ठोस आकार देना चाहें तो उसी क्षण
जब आप उसे सत्य मान रहे हों
वह आपके हाथों में टूट जाएगा।"[100]

इतिहास के मूल्य धरती की मिट्टी में ही सुरक्षित रहते जमा होते हैं, एक ऐसा मूल्य जो संस्कृति का पोषण करता है, वह है शिक्षक, जिसे हमें सँभालकर रखना चाहिए। हालाँकि हम लोग सोचते हैं कि यह मूल्य 'कच्चे माल' की तरह है। यह आणविक लेन-देन का हिस्सा है, जिसमें हर चट्टान कीटाणु, डायनासोर, तितली, पेड़, पानी की बूँद, रेत का कण और इसी प्रकार मानव हमेशा गतिशील रहनेवाला भाग है। हम सभी—चाहे वे सफल हों, रचनात्मक हों या बहुमूल्य गुणवाले हों—की हमारे शिक्षकों ने ही मदद की तथा पोषण दिया। हम लोग इस पृथ्वी को छोड़ने से पहले पढ़ाएँ और आनेवाली पीढ़ियों को उपजाऊ धरती दें। ऐसा कोई भी समाज, जो शिक्षकों की मदद नहीं करता, जीवित नहीं रहता।

मैंने शहर के पिछड़े मध्यम वर्ग के शिक्षक के संघर्षों के बारे में बहुत से शिक्षकों से बात की। मैंने जाना कि वे प्रमुख समस्याएँ कौन सी हैं, जो एक स्कूली शिक्षक के सामने आती हैं। चार मुख्य समस्याएँ

हैं—कम वेतन और सम्मान, असक्षम प्रबंधन, विद्यार्थियों की सामाजिक व आर्थिक समस्याएँ और माता-पिता का शिक्षण प्रक्रिया का हिस्सा न होना। छोटे शहरों में शिक्षक की समस्याएँ और भी बढ़ जाती हैं, जिसका कारण है—स्तरों में गिरावट, सामाजिक भेदभाव, सुरक्षा की बढ़ती जरूरत, अच्छे स्कूलों में प्रवेश के लिए धन की जरूरत और बच्चों को अधिक अंक देकर पास करने का दबाव।

विद्यार्थी आजकल एक ऐसे विश्व में रह रहे हैं, जहाँ हर चीज की गति बहुत अधिक है, जो है वह बहुत तेजी से बदल रहा है, भिन्न-भिन्न प्रकार की सभ्यताओं का सामना करना पड़ता है, तकनीक पर ही सबकुछ निर्भर है और सूचना माध्यमों में सभी तरह की सूचना उपलब्ध है। हम बीसवीं सदी के वैज्ञानिक प्रबंधन या कारखाने के ढाँचे पर आधारित शिक्षा से अब और काम नहीं चला सकते। इक्कीसवीं सदी में हमें 'शिक्षा', 'स्कूल', 'पाठ्यक्रम', 'शिक्षक' और 'विद्यार्थी' को दोबारा से परिभाषित करना पड़ेगा। हमें शिक्षा के माध्यम से यह सुनिश्चित करना होगा कि हम विद्यार्थियों को सफलता के लिए शिक्षित करें। मैं ऐसा महसूस करता हूँ कि शिक्षण प्रक्रिया को सीधे-सीधे पढ़ाने के बजाय प्रशिक्षण पर जोर देना होगा।

मानव इतिहास की तीसरी सहस्राब्दी की शुरुआत में सभी कुछ नवीन है। बहुत कुछ दाँव पर लगा है। यह समय विज्ञान और तकनीक के लिए एक अवसर सिद्ध हो सकता है, जैसा पहले कभी नहीं हुआ। वैज्ञानिक खोज एवं तकनीक, सभी लोगों के लिए भोजन, रहने की जगह, कपड़े, शिक्षण, स्वास्थ्य तथा अच्छा जीवन स्तर उपलब्ध करा सकते हैं।

आप छोटे बच्चों के चेहरे पर सहज मुसकान देख सकते हैं। वे मुसकराते रहते हैं, क्योंकि वे मासूमियत से खिल रहे होते हैं। जब वे दस से बीस वर्ष की उम्र में होते हैं तो उनकी मुसकान हलकी हो जाती है और संकोच व चिंताएँ उभर आती हैं। जब वे अपनी शिक्षा पूरी कर

लेते हैं तो सबसे बड़ा प्रश्न यही होता है कि वे शिक्षा के बाद क्या करेंगे? क्या वे कोई रोजगार पा जाएँगे? उनके माता-पिता, जो अपनी सारी कमाई बच्चों की शिक्षा पर खर्च कर देते हैं, उनकी भी यही चिंता होती है। चिंताएँ सिर्फ उन्हीं के लिए नहीं होतीं, जो इतने भाग्यशाली होते हैं, जिन्हें स्कूली या कॉलेज की शिक्षा मिल जाती है। यह तो सभी के लिए होती है। मुसकान हलकी पड़ने के साथ-साथ सपने भी टूट जाते हैं और आँखों की रौनक भी चली जाती है तथा यह हमें देश के नौजवानों में सभी स्तरों पर दिखाई देती है। बचपन की इस मुसकान को युवावस्था तक बचाए रखने का एक ही तरीका है कि रोजगार के अवसर पैदा किए जाएँ। यह विचार भारत के 54 करोड़ युवाओं की आकांक्षाओं और उत्सुकता का प्रतिनिधित्व करता है।

जब तक भारत सामाजिक परिवर्तन, सरकारी प्रणाली और सरकारी संस्थानों की मान्यता को सुरक्षा देने और उनका स्तर बढ़ाने की प्रक्रिया में तेजी नहीं लाएगा, यह संभावना बनी रहेगी कि अज्ञानता और भ्रम रुकावट बन सकते हैं और विकास की गति धीमी कर सकते हैं। मेरा यह विश्वास है कि हमारे समाज के नैतिक मूल्यों को ध्यान में रखते हुए वैज्ञानिक आधार से निर्देशित समझ, आम राय और कार्य से हम हर स्तर पर अपनी कार्य-प्रणालियाँ स्थापित कर सकते हैं। वास्तव में, हमारे पास कोई और विकल्प नहीं है।

हमें बहुत काम करने हैं। हमारा बहुत कुछ दाँव पर लगा है। □

परिशिष्ट

1. 13 मार्च, 2006 को पोर्ट लुइस स्थित मॉरीशस विश्वविद्यालय के विद्यार्थियों को संबोधन। मॉरीशस अफ्रीका के तट के पास द्वीपों का देश है और हिंद महासागर के दक्षिण-पश्चिम में स्थित है। सन् 1835 में भारतीयों ने यहाँ पहली बार कदम रखा। बीसवीं सदी के शुरू में यहाँ दो-तीन लाख भारतीय थे। सन् 1901 में दक्षिण अफ्रीका से भारत लौटते हुए महात्मा गांधी यहाँ दो सप्ताह ठहरे थे। अब यहाँ लगभग आठ-नौ लाख भारतीय रह रहे हैं।
2. सन् 1905 में अल्बर्ट आइंस्टीन द्वारा रचित और 'अनालेन देर फिसिक' पत्रिका में प्रकाशित 'ब्राउनियन मोशन, फोटो इलेक्ट्रिक प्रभाव तथा स्पेशल रिलेटिविटी' विषय पर लेख। सन् 1921 में आइंस्टीन को दिए गए 'नोबेल पुरस्कार' के लिए केवल फोटो इलेक्ट्रिक प्रभाव को ही संज्ञान में लिया गया था, जिसमें आइंस्टीन ने प्रकाश के क्वांटा का साधारण परिचय दिया था। प्रकाश के क्वांटा को अब फोटॉन कहा जाता है। आइंस्टीन के साधारण सापेक्षता के सिद्धांत को उस समय तक मान्यता नहीं मिली थी।
3. पृथ्वी के भीतर का सबसे बाहरी हिस्सा दो सतह का बना हुआ है—लिथोस्फीयर, जो क्रस्ट का बना होता है और जमे हुए मेंटल का ऊपरी हिस्सा। लिथोस्फीयर के नीचे होता है एस्थेनोस्फीयर,

जो मेंटल के गाढ़े एवं तरल अंदरूनी भाग का बना होता है। मेंटल बहुत अधिक तापमानवाला और बहुत अधिक गाढ़े तरल पदार्थ की तरह होता है। लिथोस्फीयर वास्तव में एस्थेनोस्फीयर के ऊपर तैरता है। लिथोस्फीयर कई टेक्टोनिक प्लेटों का बना होता है—पृथ्वी में दस मुख्य प्लेटों के साथ-साथ कई छोटी प्लेटें भी हैं। ये प्लेटें एक-दूसरे से संबंधित हैं और निरंतर चलती रहती हैं।

4. दाना कुक ग्रोसमेन, सीइंग लाइफ होल, डार्टमाउथ मेडिसिन, डार्टमाउथ मेडिकल स्कूल, समर, 2006 "जीवन सीखने की एक प्रक्रिया है, जिसके लिए कोई पूरी तरह तैयारी नहीं कर सकता। हालाँकि उदारतावादी शिक्षा-प्रणाली सटीक नहीं है, यह जीवन और उसकी मुश्किलों की तैयारी के लिए सबसे अच्छा तरीका है।"

5. पीटर वॉटसन आइडियाज—'ए हिस्ट्री फ्रॉम फायर टू फ्रूड', फिनिक्स, 2005; 2000 साल पहले यूनान, भारत और चीन में संशयवादी लोग हुआ करते थे, जिन्हें यह शक था कि क्या मनुष्यों के विचार (सभी प्रकार के) इस विश्व का सही ढंग से प्रतिनिधित्व कर सकते हैं? लेकिन विचारों को जिस तरह वर्गीकृत किया जाता है वह आधुनिक समय में काफी कुछ बदल गया है। बाद में वीको व हरडर, हेगल, मार्कस, नाइटजयके और फोकाल्ट ने इस विचार पर जोर दिया कि विचारों का भी इतिहास होता है। आजकल यह हमारे सोचने के तरीके का अभिन्न अंग है।

6. लॉ इला हा इल्ला हुवा, होली कुरान, गाफिर (द फॉरगिवर), वर्स 40 : 3; "जो गलतियाँ माफ करता है, पश्चात्ताप स्वीकार करता है, वह सजा देने में भी कठोर है और लंबी पहुँचवाला है। वही एक ईश्वर है। सभी कुछ उसके लिए है।"

7. द कलमा सूत्र (अंगुत्तरा-निकाय, अंक 1); एक बार गौतम बुद्ध

केशपुत्र नामक गाँव से गुजर रहे थे। वहाँ के लोग, जिन्हें 'कलमाए' कहा जाता था, गौतम बुद्ध का अभिनंदन किया और पूछा कि बहुत से साधु-संत यहाँ से गुजरते हैं और अपने विचारों को सही बताते हुए दूसरों के विचारों की आलोचना करते हैं, तो हमें किसका अनुसरण करना चाहिए? इसके उत्तर में महात्मा बुद्ध ने एक सूत्र दिया, जो उन लोगों को बौद्ध धर्म के विचारों से परिचय करता है, जिन्हें वास्तविकता का अनुभव नहीं हुआ है।

8. प्राचीनकाल के एक रोमन कवि थे वर्जिल। यह पंक्ति वीरगाथा की पुस्तक 'दि ऐनेइद' से ली गई है, जो वर्जिल द्वारा पहली शताब्दी ईसा पूर्व लिखी गई थी। यह पुस्तक महान् एनेस की कहानी है, जो वैसे ही मान्य थे जैसे भारत में भगवान् श्रीराम। एनेस इटली चले गए, वे रोमन लोगों के पूर्वज माने जाते हैं।

9. फारिस, नबीह अमीन (अनुवादक), इमाम अल गज्जली (आर.ए.) द्वारा रचित 'द बुक ऑफ नॉलेज', इद्र इशा एत-ऐ द्वितीय, 2005। हालाँकि इसलामिक विचारधारा में गज्जली सबसे प्रसिद्ध विद्वानों में से थे, उनकी ग्यारहवीं शताब्दी की पुस्तक 'दि इनकोहेरेन्स ऑफ फिलॉसफर्स' इसलामिक ज्ञानकोष में एक बड़े बदलाव का सूचक है। सभी आकस्मिक घटनाएँ और लेन-देन भौतिक संयोजन के कारण नहीं है बल्कि ये तात्कालिक हैं और वर्तमान में ईश्वर की इच्छा के अनुरूप हैं।

10. ऐटकिंस जॉन एल्फ्रेड, आर्थर कोस्टलर, एन. स्पीयरमैन, 1956; "आइंस्टीन का अंतरिक्ष वान गाहे के आकाश से कम वास्तविक है। विज्ञान का गौरव बैच या टॉलस्टॉय के सत्य से अधिक व्यापक सत्य खोजना नहीं है। यह है रचना करने का कार्य। वैज्ञानिक की खोजें अव्यवस्थित स्थिति पर अपनी एक व्यवस्था लागू करना होता है, जैसे कि एक रचनाकर्ता या कलाकार करता है। एक ऐसी

स्थिति जो यथार्थ की सीमाओं को बताती है और व्यक्ति की सोच पर निर्भर करती है तथा समय-समय पर बदलती रहती है, जैसे नग्नता रेंब्रेंट के विचार में कुछ है तो इडोआर्ड मनेट के विचार में कुछ और।''

11. थॉमस बी. वार्ड, रोनाल्ड ए. फिंकी, स्टीवन एम. स्मिथ, क्रिएटिविटी ऐंड द माइंड : डिस्कवरिंग द जीनियस विद इन, प्लेनम, 1995; बहुआयामी बुद्धिमत्ता का सिद्धांत यह बताता है कि मानव की बुद्धिमत्ता बहुआयामी है। हमारे अंदर कम-से-कम आठ तरह की बुद्धिमत्ता होती है—शारीरिक मांसपेशियोंवाली, एक-दूसरे से पारस्परिक संबंधों की, एक व्यक्ति की स्वयं की, भाषा की, तार्किक और गणित संबंधी, संगीत की, प्राकृतिक और स्थान संबंधी। हम में से प्रत्येक सभी प्रकार की बुद्धिमत्ता रखता है, लेकिन अलग-अलग मात्रा में। ये अलग-अलग होकर कार्य नहीं करती हैं, बल्कि एक-दूसरे के सहयोग से करती हैं।
12. पैट्रिक कावानगह (1904-67) आयरलैंड के रहनेवाले एक कवि थे। ये पंक्तियाँ उनकी कविता 'द सीड एंड द सोइल' से ली गई हैं, जो 'सेलेक्टेड पोयम्स ऑफ पैट्रिक कावानगह' नामक पुस्तक में प्रकाशित हुईं। यह पुस्तक एंटॉयनेंट क्विन ने संपादित की। पेंगुइन ट्वेंटींथ सेंचुरी क्लासिक्स, पेंगुइन बुक्स, 1996।
13. लिन युतांग, द विजडम ऑफ इंडिया, जयको पब्लिशिंग हाउस, 2005; यह समझना बहुत आसान है कि चीनी लोग एक वैज्ञानिक तरीका क्यों नहीं खोज पाए, जबकि वे हमेशा विश्लेषणात्मक होते हैं; हमेशा बेवकूफी भरे उबाऊ कार्य में जुटे रहते हैं और व्यावहारिक बुद्धि व अंतर्ज्ञान की चमक पर विश्वास करते हैं और वे किसी चीज से प्रेरित होकर तर्क करते हैं, जिसे वे मानवीय संबंधों पर भी लागू कर देते हैं। चीनी लोगों की इसमें मुख्य रुचि रहती है।

किंतु यह ऐसी बेवकूफी है जो अमेरिकी विश्वविद्यालयों में भी आम बात है। आजकल अलग-अलग चीजों से प्रेरित होकर ऐसा शोध कार्य किया जा रहा है, जिसे जानकर बेकन कब्र में भी पीड़ा से कराह उठेगा। कोई भी चीनी व्यक्ति इतना बेवकूफ होगा कि आइसक्रीम पर ध्यानपूर्वक शोध करके और बहुत कुछ लिखकर यह निष्कर्ष निकालेगा कि 'आइसक्रीम बनाने के दौरान शक्कर का इस्तेमाल मुख्यत: आइसक्रीम को मीठा करने के लिए होता है।' या फिर प्लेट धोने के चार तरीकों में समय और गति का एक निश्चित पद्धति द्वारा आकलन कर खुशी-खुशी यह बताएगा कि झुकना और उठाना थका देनेवाला कार्य है।

14. सिल्वियान सिट्टी और टॉम हीलय, द वेल बीइंग ऑफ नेशंस, ऑर्गनाइजेशन फॉर इकोनॉमिक कोऑपरेशन ऐंड डेवलपमेंट (ओ.ई.सी.डी.) 2001; मानव और समाज बहुत सी व भिन्न-भिन्न उपलब्धियों के लिए सकारात्मक महत्त्वपूर्ण भूमिका निभा सकता है। इन उपलब्धियों में आय, जीवन के प्रति संतोष तथा सामाजिक एकीकरण शामिल हैं।

15. टेक्नोलॉजी विजन 2020, टेक्नोलॉजी इन्फॉरमेशन, फोरकास्टिंग ऐंड असेस्मेंट काउंसिल (TIFAC, टिफेक), नई दिल्ली, 1996; टिफेक ने विज्ञान और तकनीकी में राष्ट्रीय स्तर पर 2020 के टेक्नोलॉजी विजन के लिए पहल करने के लिए मार्गदर्शन उपलब्ध करने की चुनौती स्वीकार की है। साथ ही यह निवेश के लिए नीतिगत ढाँचे और विज्ञान व तकनीक की एकीकृत नीति के विकास के लिए आधार उपलब्ध कराएगा। चुने गए पाँच कार्यक्षेत्र हैं—कृषि में मूल्य-संवर्धन, शिक्षा, स्वास्थ्य, संचार सुविधा और सामरिक महत्त्व के उद्योग। बाद में डॉ. कलाम ने संयोजित ग्राम विकास योजना—पुरा (PURA) को इस सूची में शामिल किया।

16. मॉरकस ऑरिलियस, मेडिटेशंस, कोरियर डोवर पब्लिकेशंस, 1997; सन् 161 से लेकर मृत्यु तक मॉटकस ऑरिलियस रोमन सम्राट् था। वह 'पाँच अच्छे सम्राटों' में से सबसे बादवाला या जिन्होंने सन् 96 व 180 ई.पू. तक राज किया, में थे। यह सबसे गंभीर दार्शनिक भी माने जाते हैं। मेडिटेशंस, जो उन्होंने 170-180 के बीच के अभियानों के बीच लिखी, वह आज भी जनता की सेवा और कर्तव्य निभानेवाली सरकार की एक महान् साहित्यिक उपलब्धि की तरह याद की जाती है। यह अपने 'विशिष्ट अंदाज और असीमित नम्रता के लिए सराही जाती है।'

17. अल्बर्ट कामस, द स्ट्रेंजर, मैथ्यू वार्ड (अनुवादक), विंटेज, संशोधित संस्करण, 1989; जब 1957 में उन्हें यह पुरस्कार मिला, कामस साहित्य के लिए नोबेल पुरस्कार पानेवाले दूसरे सबसे कम उम्र के व्यक्ति थे (सबसे कम उम्र के व्यक्ति थे—रुडयार्ड किपलिंग)। वे व्यक्तियों को विचार से उत्तम मानते थे। *"अब साहस ही एक नैतिक मूल्य है जो उन कठपुतलियों और अधिक बोलनेवालों को आँकने में मदद करेगा, जो जनता की ओर से बोलने का नाटक करते हैं··· ।"*

अध्याय-2

18. 26 नवंबर, 2002 को हैदराबाद स्थित निजाम इंस्टीट्यूट ऑफ मेडिकल साइंसेज में दीक्षांत समारोह के अवसर पर संबोधन; निम्स एक चिकित्सा विश्वविद्यालय है, जो चौदह शाखाओं में स्नातकोत्तर पाठ्यक्रम और 1,000 बिस्तरोंवाला अस्पताल चला रहा है। यहाँ चिकित्सक और मरीजों का अनुपात 1 : 3 है। यहाँ 150 अध्यापक हैं।

19. शुनरयू सुजुकी, ब्रांचिंग स्ट्रीम्स फेलो इन द डार्कनेस यूनिवर्सिटी

ऑफ कैलिफोर्निया प्रेस, सन् 1999; शुनरयू सुजुकी (1904-71) सोटो स्कूल के जापानी जेन मास्टर थे, जिन्होंने अमेरिका में बौद्ध धर्म की स्थापना में मुख्य भूमिका निभाई। "हमारा झुकाव इस तरह होना चाहिए कि हमारी रुचि उसमें हो, जो बागान में उग रहा है, न कि केवल मिट्टी में। लेकिन अगर आप अच्छी पैदावार पाना चाहते हैं तो सबसे मुख्य बात यह है कि मिट्टी का पोषण किया जाए और उसे समृद्ध बनाया जाए।"

20. एक्लीसीएस्ट्स 9 : 11; यह हेब्रू बाइबल की एक पुस्तक है। यह जीवन के अर्थ और जीवन जीने का सबसे अच्छा तरीका बताती है। यह पुरजोर घोषणा करती है कि मनुष्य के कार्य आवश्यक रूप से अर्थहीन व बेकार होते हैं, क्योंकि समझदार और मूर्ख दोनों को अंत में मृत्यु ही मिलती है। इस पुस्तक में चीजों का उपयोग कर आनंद लेने की बात का समर्थन किया गया है, परंतु जीवन के लिए कोई विशेष अर्थ नहीं दिया गया है। यह पुस्तक यह सुझाव प्रस्तुत करती है कि एक व्यक्ति को साधारण जीवन में उपलब्ध वस्तुओं का उपभोग करके खान-पान आदि का आनंद लेना चाहिए और अपने कार्य को भी आनंद से करना चाहिए। ये सब ईश्वर के दिए हुए उपहार हैं।

21. विलियम बटलर यीट्स, ए बुक ऑफ आयरिश वर्स, रूटलेड्ज, 2003; ये पंक्तियाँ आयरलैंड के कवि विलियम अलिंगर की कविता 'फॉर डक्स ऑन ए पौंड' से ली गई हैं। यीट्स को सन् 1923 में साहित्यिक उपलब्धियों के लिए नोबेल पुरस्कार दिया गया।

22. जे. डेनिसन रिचर्ड और एनी हार्रिंगटन (संपादकगण), विजन ऑफ कंपैशन : वेस्टर्न साइंटिस्ट्स ऐंड तिब्बतियन बुद्धिस्ट्स एग्जामिन ह्यूमन नेचर, ऑक्सफोर्ड यूनिवर्सिटी प्रेस, 2001।

23. रिचर्ड मौरिस बुके, कॉस्मिक कॉनिशयसनेस, केसिंजर पब्लिशिंग, 1998; कनाडा के एक प्रगतिशील मनोवैज्ञानिक मौरिस बुके (1837-1902) ने ब्रह्मांड की चेतना पर अपने दैवी अनुभव से अपने चिंतन को स्पष्ट करते हुए यह सुझाया कि स्वर्ग वास्तव में एक दैवी दृष्टिकोण ही है। शायद इस विचार को मानकर ही बुके इस निष्कर्ष पर पहुँचे कि 'ब्रह्मांड से प्रेरित' चिंतन और चेतना एक व्यक्ति के जीवन के मध्य के वर्षों में प्राप्त होती है।

24. पवित्र कुरान, पद 47 : 12; वस्तुतः अल्लाह उन लोगों को उस उपवन में आने की इजाजत देगा, जिसके नीचे नदियाँ बहती हैं, जो उसपर विश्वास करते हैं और धार्मिक कार्य करते हैं; जबकि अल्लाह को न माननेवाले लोग इस दुनिया में तो मौज करेंगे और जानवरों की तरह खाना खाएँगे, परंतु बाद में वे आग में जलेंगे।

25. निचिरन बुद्धिज्म एसोसिएशन से संबद्ध डेविड हीमबर्ग की कविता 'माई मेंटर' से लिया गया है। निचिरन बुद्धिज्म, तेरहवीं शताब्दी के जापानी भिक्षु के दर्शन पर आधारित बौद्ध धर्म की एक शाखा है। इस शाखा के माननेवालों का मानना है कि स्वयं के लिए ज्ञान प्राप्त करना एक व्यक्ति के लिए उसके जीवनकाल में भी संभव है।

26. अंगुत्तरा निकाय, पद 159, उदायी सूत्र। बुद्ध और धर्म के शिक्षक के पाँच गुण। "धर्म की बातें इस विचार के साथ बतानी चाहिए कि यह मैं भौतिक पारितोषिक पाने के उद्देश्य से नहीं कर रहा हूँ।"

27. फारिस, नबीह अमीन (अनुवादक), इमाम अल-गज्जली (आर.ए.) की 'द बुक ऑफ नॉलिज' शीर्षक पुस्तक, इदरा इशा अत-ए-दिनियत, 2005; "मार्गदर्शन के लिए यहाँ कई समझदार लोग हैं, जो पैगंबर के उत्तराधिकारी हैं, लेकिन अब उनका समय नहीं है।

ये कुछ नाममात्र के ही बचे हैं। शेष सब पर असमानता और शैतान ने काबू पा लिया है। हर कोई अपने आप में इतना मस्त है कि उसे अच्छा भी बुरा दिख रहा है और बुरा अच्छा। इस प्रकार धर्म का विज्ञान लुप्त हो गया है और विश्वास की सच्ची मशाल दुनिया भर में बुझ गई है। जनता को झाँसा देकर यह समझा दिया गया है कि दंगों को सुलझाने के लिए न्यायाधीश जैसे आदेश पारित कर देते हैं, उसी प्रकार के सरकारी आदेशों के सिवा कोई ज्ञान नहीं है, या ऐसे तर्क, जो दंभी और अभिमानी व्यक्ति लोगों को गुमराह करने और उनकी बात का खंडन करने के लिए सामने रखते हैं, या फिर बहलाने-फुसलानेवाली भाषा, जो उपदेश देने वाले जनता को बहकाने के लिए प्रयोग करते हैं। ये ऐसा इसलिए करते हैं, क्योंकि इन तीन तरीकों के अलावा उनके पास ऐसा और कोई तरीका नहीं है, जिससे वे दुनिया भर की दौलत जमा कर सकें गैर-कानूनी लाभ उठा सकें।''

28. एक प्रसिद्ध वीणावादक, भारत में जनमे हजरत इनायत खान (1882-1927) का आध्यात्मिक प्रशिक्षण चिश्ती सूफी मान्यता के मौलाना मुहम्मद अबू हसन द्वारा हुआ। अपने शिक्षक के निर्देश पर उन्होंने संगीत के माध्यम से पूर्व और पश्चिम के अंतर को दूर करने के लिए सन् 1910 में अमेरिका की यात्रा की। उन्होंने इस बात पर जोर दिया कि सभी धर्मों का आधार एक ही है। उनकी चिंता यह थी कि पश्चिम के बहुत से रीति-रिवाजों ने 'आत्मा के विज्ञान' को खो दिया है। मानवता में चेतना के उच्चतम स्तर तक विकास के लिए प्रार्थना और ध्यान की तकनीक जरूरी है।
29. कमीली तथा कबीर हेलमिंस्की, 'रूमी : ज्वेल्स ऑफ रिमेंबरेंस', थ्रेशहोल्ड बुक्स, सन् 1996; ये पंक्तियाँ मथनवी-3 : 1445-1449 से ली गई हैं। ''जब हम मर जाएँगे तो हमारी इच्छा धरती

पर मकबरा पाने की नहीं होगी, बल्कि लोगों के दिल में जगह पाने की होगी।" "अधिक जमा न करें, क्योंकि मेरी इच्छा आपको खाक में मिलाने की है। अगर आप उस तरह से 2000 मकान बना लेंगे जैसे मधुमक्खी बनाती है तो मैं आपको ऐसे बेघर कर दूँगा जैसे कि मधुमक्खी हो जाती है। अगर आप स्थिरता में कोफ पहाड़ की तरह हैं तो मैं आपको चक्की के पाट की तरह चक्कर खिला दूँगा।"

अध्याय-3

30. 9 दिसंबर, 2006 को उत्तराखंड, हरिद्वार के देव संस्कृति विश्वविद्यालय के दूसरे दीक्षांत समारोह को संबोधित करते हुए।
31. एमिली डिकिंसन, 'द कंप्लीट पोयम्स ऑफ एमिली डिकिंसन', बैक वे बुक्स, 1976; एमिली डिकिंसन मौलिक रूप से एक अमेरिकी कवि हैं। उन्होंने अंतर्मुखी और बाह्य प्रभावों से दूर जीवन व्यतीत किया। इनकी कविताओं में संगीत की लय है। "जब मेरी मृत्यु हुई तो मैंने मक्खी की आवाज सुनी/कमरे की शांति/उस शांति की तरह थी/जैसी आँधी के झोंकों के बीच हवा में होती है।"
32. विलियम वड्र्सवर्थ, 'द वर्क्स ऑफ विलियम वड्र्सवर्थ', कंटेंप्टेरी पब्लिशिंग कंपनी, पुनः प्रसारित संस्करण, 1998; ये पंक्तियाँ उनकी कविता 'अपोन वेस्टमिंस्टर ब्रिज' से ली गई हैं, जो 1802 में लिखी गई थी। वड्र्सवर्थ मानवीय अनुभव और प्राकृतिक विश्व के बीच संबंध दिखाना चाह रहे थे।
33. एस.एल.वी.-3 चार चरणों के एक ठोस ईंधनवाले प्रक्षेपण यान का नाम है, जो 50 कि.ग्रा. या उससे कम भार के उपग्रह को 47° के झुकाव पर 600 कि.मी. की ऊँचाई की पृथ्वी के समीप की कक्षा में स्थापित कर सकता है। शुरू में असफलता के बाद एस.एल.वी.-

3 ने 1980, 1981 और 1983 में तीन रोहिणी उपग्रहों को कक्षा में स्थापित किया। एस.एल.वी.-3 ए.एस.एल.वी. (उन्नत उपग्रह प्रक्षेपण यान) के लिए आधार की तरह प्रयोग किया गया।

34. 'अग्नि' (प्रकृति के पाँच घटकों में से एक) मध्यम दूरी की मारक क्षमता का एक प्रक्षेपास्त्र है, जो भारत में ही बनाया गया है। यह 1000 कि.ग्रा. (या 2,200 पौंड) तक के परंपरागत भार या नाभिकीय अस्त्र ले जा सकता है। यह एक स्तर (कम दूरी) या दो स्तर (मध्यम दूरी) का होता है, जो सड़क मार्ग या रेल द्वारा ले जाया जा सकता है। यह तरल या ठोस ईंधन से चलाया जाता है। बाद में अग्नि-2 विकसित किया गया, जिसकी मारक क्षमता की दूरी 2,000 से 2,500 कि.मी. की होती है और 'क्रेडिबल डिटरेंस' (विश्वसनीय रोक) के लिए विकसित किया गया है। अग्नि-3 का परीक्षण 9 जुलाई, 2006 को हुआ, जो असफल रहा।

35. विलियम ए टिलर, साइंस ऐंड ह्यूमन ट्रांसफॉर्मेशन : सबटल एनर्जीज, इंटेंशनेलिटीज ऐंड कॉन्शियरानेरा, पावियर पब्लिशिंग, 1997; विलियम टिलर स्टैनफोर्ड विश्वविद्यालय के पदार्थ विज्ञान तथा इंजीनियरिंग विभाग में प्रोफेसर रहे। उन्होंने यह परिकल्पना दी कि कैसे एक व्यक्ति स्वयं की इच्छा से अपने शरीर में बदलाव ला सकता है। ऐसे बदलाव स्वयं ही व्यक्ति की चेतना को पूर्ण रूप से विकसित कर सकते हैं।

36. फ्लॉड जेरेड, 'अंडरस्टैंड द ट्रूयू सेल्फ', ट्रे फोर्ड पब्लिशिंग, 2005; "अधिकतर लोग अपने अंदर छिपे खजाने को पहचान नहीं पाते, क्योंकि वे भटक जाते हैं और जीवन की आँधी में खो जाते हैं। यह सोचना गलत होगा कि दुर्भाग्य पूरब से आता है या पश्चिम से, यह व्यक्ति के अपने मस्तिष्क में ही उपजता है।"

37. विलियम वड्र्सवर्थ, 'द वर्क्स ऑफ विलियम वड्र्सवर्थ', कंटेंपरेरी

पब्लिशिंग कंपनी; पुनः प्रसारित संस्करण, 1998; ये पंक्तियाँ उनकी सबसे प्रसिद्ध कविता 'आई वंडरड लोनली एज ए क्लाउड' सबसे पहले 200 वर्ष पूर्व प्रकाशित हुई थी। इस कविता ने डेफोडिल (नरगिस) के फूलों को विश्व भर में प्रसिद्ध किया।

38. विसलवा सजेमबोरस्का, 'पोयम्स न्यू एंड कलेक्टेड : 1957-1997', हारकोर्ट, 1998; ये पंक्तियाँ पोलिश भाषा की एक कविता 'सिलिटी डिमांड्स' से ली गई हैं।
39. दर्शन की वह शाखा, जिसमें ज्ञान की प्रकृति और विस्तार का अध्ययन किया जाता है, एपीस्टेमोलॉजी कहा जाता है। प्राथमिक तौर पर इसमें निम्न प्रश्नों का उत्तर मिलता है—"ज्ञान क्या है?", "ज्ञान कैसे अर्जित किया जाता है?" और "लोग क्या जानते हैं?" किसी तथ्य को ज्ञान मानने के लिए यह जरूरी है कि वह सत्य हो। इस प्रकार ज्ञान एक विश्वास है, जो सत्य है और न्यायसंगत भी। यह सत्य हुआ करता था—इसपर विश्वास करके कोई भी ज्ञान अर्जित नहीं कर सकता। उसके पीछे सही कारण का होना जरूरी है।
40. विलियम, आर. टॉरबेट, 'द पॉवर ऑफ बैलेंस : ट्रांसफॉर्मिंग सेल्फ,' 'सोसाइटी ऐंड साइंटिफिक इंक्वायरी', सेज पब्लिकेशंस, 1991।
41. अब्दुल बशित अहमद, अबू बकर अस सिद्दीकी (आर ए), 'द फर्स्ट कैलिक ऑफ इसलाम', दर-उस-सलाम पब्लिकेशंस, 2001।

अध्याय-4

42. 6 दिसंबर, 2006 को कोलकाता में इंडियन इंस्टीट्यूट ऑफ सोशल वेलफेयर ऐंड बिजनेस मैनेजमेंट के दीक्षांत समारोह के दौरान संबोधन।

43. सिंगली, करोल जे., 'एडिथ व्हार्टन : मैटर्स ऑफ माइंड ऐंड स्पिरिट', कैंब्रिज यूनिवर्सिटी प्रेस, 1998।

44. जी. वेंकटरामन, 'जर्नी इन टू लाइट : लाइफ ऐंड साइंस ऑफ सी.वी. रमन', दि इंडियन एकेडमी ऑफ साइंसेज, 1989।

45. मनोविश्लेषण व मापन में, तरल और ठोस बुद्धिमत्ता (जिसे संक्षिप्त रूप में जी.एफ. तथा जी.सी. से अंकित किया जाता है) ब्रिटिश-अमेरिकी मनोवैज्ञानिक रेमंड कैटल (1905-98) के द्वारा मूल रूप से वर्णित बुद्धिमत्ता के परीक्षण के आँकड़ों के घटक हैं। तरल बुद्धिमत्ता एक आंतरिक, सरल और साधारण क्षमता है, जो जीवन भर एक जैसी रहती है। इसमें शामिल हैं—समस्या सुलझाने की क्षमता, याददाश्त, सीखना तथा क्रम को पहचानने की क्षमता। ठोस बुद्धिमत्ता को आमतौर पर सीखने पर आधारित बुद्धिमत्ता की तरह वर्णित किया जाता है, जबकि सरल बुद्धिमत्ता बीते हुए समय के अनुभव से स्वतंत्र होती है।

46. एरिक एच. एरिक्सन, 'आइडेंटिटी ऐंड द लाइफ साइकिल', डब्ल्यू.डब्ल्यू. नॉर्टन ऐंड कंपनी; पुनः प्रसारित संस्करण (1994)।

47. जॉन डोने (1572-1631) को अहंकार का स्वामी माना जाता है, जो बिलकुल विपरीत विचारों को उपमा व चित्रण के द्वारा एक विचार में बदल देता है। उनकी एक प्रसिद्ध कृति है, 'अ वेलिडिक्शन : फॉरबिडींग मॉरनिंग', जहाँ वे दो प्रेमियों की तुलना परकार की दो भुजाओं से करते हैं। ये पंक्तियाँ उसकी कविता 'डेथ बी नॉट प्राउड' से ली गई हैं।

48. रॉबर्ट वान रानके ग्रेव्स (1895-1985) ने अपनी कविताओं में मूर्तिपूजा को स्थान नहीं दिया। उन्होंने मान्यताओं पर प्रहार किया, जो लोगों को प्रिय थीं। उनका मानना था कि प्रेम ही कविता का वास्तविक विषय है। ग्रेव्स की अधिकतर कविताएँ लंबी नहीं थीं।

यहाँ पर ली गई पंक्तियाँ उनकी कविता 'द कूल वेब' से उद्धृत हैं।

49. ईवन्स, टी.एफ. (ई.डी.टी.), जॉर्ज बर्नार्ड शॉ, रूटलेज (2004)। जॉर्ज बर्नार्ड शॉ अकेले ऐसे व्यक्ति हैं, जिन्हें 'पिगमेलियन' के लिए साहित्य का नोबेल पुरस्कार (1925) मिला और ऑस्कर (1938) भी। वे औपचारिक शिक्षा के कट्टर आलोचक थे। "आजकल जो विद्यालय और अध्यापक होते हैं, वे शिक्षा पाने के स्थान और शिक्षा प्रदान करनेवाले लोगों की तरह नहीं जाने जाते, बल्कि ऐसी जेलों की तरह जाने जाते हैं, जहाँ बच्चों को रखा जाता है कि वे अपने घर पर माता-पिता को परेशान न करें।"

50. अल्बर्ट आइंस्टीन, 'द वर्ड एज आई सी इट', सिटेडेल प्रेस, 2006; "अगर कोई व्यक्ति आर्थिक या सामाजिक मुद्दों का विशेषज्ञ नहीं है तो यह सही नहीं होगा कि वह समाजवाद के विषय पर अपने विचार प्रस्तुत करे। बहुत से कारणों से मैं यह सही समझता हूँ।"

अध्याय-5

51. 2 फरवरी, 2006 को नान्यांग टेक्नोलॉजिकल यूनिवर्सिटी (एन.टी.यू.), सिंगापुर में संबोधन। यह एक ऐसा विश्वविद्यालय है जहाँ शोध पर जो दिया जाता है और विज्ञान व तकनीक के क्षेत्र में यह विश्व भर में जानी जाती है।

52. अपनी प्रकृति से ही ज्योफ हैसलहर्स्ट एक दर्शनशास्त्री थे। उन्होंने भौतिक वास्तविकता का सबसे सरल वैज्ञानिक सिद्धांत दर्शन, भौतिकी, पदार्थ का तरंग रूप एवं अंतरिक्ष की मेटाफिजिक्स (तत्त्व विज्ञान) पर इंटरनेट के लिए एक खुला विश्वकोश बनाया। इसमें प्राचीन यूनान तथा भारत से लिये गए दर्शन, भौतिकी एवं तत्त्व विज्ञान पर सामग्री उपलब्ध होने के लिए साथ-साथ आधुनिक

पश्चिमी दर्शन तथा भौतिकी भी है।

www.spaceandmotion.com

53. रिचर्ड सेंट्स, 'व्हाट इज ट्रुथ?' वॉल्टर डी ग्रूटर, 2002; "सत्य पारस्परिक है, एक सुसंगति की तरह एक व्यावहारिक उपयोगी वस्तु है। यह एक ऐसी संपत्ति है, जो आदिकालीन है तथा इसका विश्लेषण नहीं हुआ है। यह एक गलत उद्धरण है।"

54. ब्रेंट श्लेंडर, पीटर ड्रकर सेट्स अस स्ट्रेट (रोजगार, उधार, वैश्वीकरण तथा व्यापारिक मंदी), 'फॉरच्यून मैगजीन' 12 अक्तूबर, 2003; पीअर डर्कर ने ज्ञान आधारित कार्यकर्ता के नाम/विचार को प्रसिद्धि दिलाई। ज्ञान के इस युग में धन का आधार ज्ञान का स्वामित्व है और उस ज्ञान को उपयोग कर नई वस्तुएँ या सेवाएँ बनाना या पुरानी में सुधार करने की क्षमता है। उत्पादों में सुधार का अर्थ है—कीमत में कमी, टिकाऊ, उपयुक्तता, समय से उपलब्ध कराना तथा उसका अधिक सुरक्षित होना शामिल है।

55. पद्मा एम. शार्ङ्गपाणि बंगलौर शहर में रहनेवाले एक स्वतंत्र खोजकर्ता हैं। उन्होंने एक पुस्तक लिखी है—'कंस्ट्रक्टिंग स्कूल नॉलिज : एन इथनोग्राफी ऑफ लर्निंग इन एन इंडियन विलेज', सेज पब्लिकेशंस, 2003; सितंबर 2003 के 'सेमिनार' में प्रकाशित 'द ग्रेट इंडियन ट्रेडिशन इन सेमिनार' शीर्षक उनके लेख से कुछ पंक्तियाँ यहाँ उद्धृत की गई हैं। 'सेमिनार' एक सम्माननीय मासिक संगोष्ठी है, जिसकी स्थापना राज व रोमेश थापर ने सन् 1959 में की थी। यह दिल्ली से प्रकाशित की जाती है।

56. कुइपर, ए.जे.जी. मेथरोस्ट, कृष्णमूर्ति, किसिंजर पब्लिशिंग हाउस, 2004।

57. स्कॉट, एच. फोरब्स, 'जिद्दू कृष्णमूर्ति ऐंड हिज इंसाइट्स इनटू एजूकेशन', होलिस्टिक एजुकेशन कॉन्फ्रेंस, टोरंटो, कनाडा, 1997;

स्कॉट फोरब्स ने अपना शोधकार्य ऑक्सफोर्ड विश्वविद्यालय में किया। उन्होंने होलिस्टिक एजुकेशन : एन एनालिसिस ऑफ इट्स आइडियाज ऐंड नेचर', फाउंडेशन फॉर एजुकेशनल रिन्यूअल, 2003।

58. कृष्णमूर्ति, ऑन एजुकेशन, ऑल इंडिया प्रेस, 1974।
59. जिद्दू कृष्णमूर्ति, डेविड बोहम, 'द लिमिट्स ऑफ थॉट्स', रूटलेड्ज (यू.के.), 1999; अमेरिका में जनमे डेविड जोसेफ बोहम (1917-92) एक क्वांटम भौतिकशास्त्री थे। उन्होंने मैनहट्टन प्रोजेक्ट पर कार्य किया और 1945 में तीन नाभिकीय अस्त्रों को विकसित करने और विस्फोट कराने में सफलता प्राप्त की। जैसे-जैसे बोहम की उम्र बढ़ी, वह पूर्व के रहस्यवाद और परा-मनोविज्ञान में व्यस्त हो गए। गेरी जुकाव, 'द डांसिग वू ली मास्टर्स' (1979) में लिखते हैं—"अगर भविष्य में कभी भौम की भौतिकी यह उसके जैसी भौतिकी भौतिकी का मुख्य कार्यक्षेत्र बन जाए तो पूर्व और पश्चिम के सूत्र आपस में उत्कृष्ट सामंजस्य बनाएँगे। इसपर आश्चर्य न करें, अगर इक्कीसवीं शताब्दी के भौतिकी के पाठ्यक्रम में ध्यान लगाने की कक्षाएँ भी शामिल हैं।"
60. एंड्रयू राइट और लेसली जे. फ्रांसिस, एंबोडीड स्पिरीच्युएलिटी : द प्लेस ऑफ कल्चर ऐंड ट्रेडिशन इन कंटेंपोरेरी एजुकेशनल डिस्कोर्स ऑन स्प्रिच्युएलिटी, 'इंटरनेशनल जनरल ऑफ चिल्ड्रेंस स्प्रिच्युएलिटी', वॉल्यूम 1-2, नवंबर 1997, पृष्ठ 8-11।
61. रॉल्फ वाल्डो इमरसन, 'इमरसंस एस्सेज', हारपर पेरेनियल, 1991।
62. मैटकाल्फे के नियम के अनुसार टेलीकम्युनिकेशंस नेटवर्क की कीमत उसके प्रयोगकर्ताओं के वर्ग के सीधे समानुपात में होती है (n^2)। ईथरनेट के लिए मेकाल्फ द्वारा पहली बार सूत्रबद्ध किया गया यह सिद्धांत बताता है कि कम्युनिकेशन तकनीकों व इंटरनेट

तथा वर्ड वाइड वेब नेटवर्कों के नेटवर्क के कारण पड़नेवाले प्रभाव कैसे होते हैं?

63. सन् 1895 में जॉर्ज बाल्डविन सेल्डन, पेटेंट मामलों के एक वकील, ने गैसोलीन (पेट्रोल) से चलनेवाले सभी वाहनों के लिए एक पेटेंट प्राप्त कर लिया। हेनरी फोर्ड ने ऐसे पेटेंट को असंगत और बेतुका माना। जो सब खोजें हुई थीं वे विकास के क्रम का परिणाम थीं और सेलडन ने तो अपने आपको इसका मौलिक खोजकर्ता या जनक मानने का दावा किया। उस समय की एक छोटी सी फोर्ड मोटर कंपनी ने लाखों डॉलरवाली कंपनी के खिलाफ पेटेंट केस लड़ा। सबूत इकट्ठा करने और सुनवाई में छह वर्ष का समय लगा। फोर्ड मूल वाद 1909 में हार गया था, परंतु अपील के बाद 1911 में वह जीत गया। इस विजय ने पूरे उद्योग के लिए रास्ता खोल दिया और उस लड़ाई ने फोर्ड को प्रसिद्धी दिलाई। मेरे परिवारजन—अंजना, असीम वे अमोल—ने हमेशा मेरा सहयोग किया। मैं गौरवान्वित महसूस करता हूँ जब मैं अपने पुत्रों को उनके अपने-अपने सूचना तकनीक और उद्योग में सफल होते देखता हूँ। उन्होंने भी अपने विचार इस पुस्तक में दिए कि इसका मूल्य- संवर्धन हो सके।

64. रेमंड कुर्जवेल, 'दि एज ऑफ स्प्रिच्युएल मशीन्स : व्हेन कंप्यूटर्स एक्सीड ह्यूमन इंटेलीजेंस', पेंगुइन, 2000।

65. टी.एन. नरसिंहम अमेरिका के बर्कले स्थित कैलिफोर्निया विश्वविद्यालय के कॉलेज ऑफ नेचुरल साइंसेज और कॉलेज ऑफ इंजीनियरिंग के प्रोफेसर एमिरेटस (सेवानिवृत्त परंतु उपाधि-विभूषित आचार्य) हैं। यह 16 मई, 2007 के 'द हिंदू' (समाचार-पत्र) में प्रकाशित उनके लेख 'फ्रॉम एक्स्परेशंस एंड एन अर्थ फोरगॉटन' से उद्धरित है।

अध्याय-6

66. 22 नवंबर, 2006 को पुट्टापार्थी, आंध्र प्रदेश में श्री सत्य साँईं इंस्टीट्यूट ऑफ हायर लर्निंग के पचीसवें दीक्षांत समारोह में संबोधन।

67. ख्वाजा मोहीउद्दीन चिश्ती, आर.ए. का जन्म पूर्वी फारस के सजिस्तान नामक शहर में सन् 1138 में हुआ था। आध्यात्मिक आदेश को मानते हुए वे इस्फहान, बोखहारा और लाहौर के रास्ते मदीना से भारत आ गए। वे खाली पड़ी बंजर जमीन पर एक पहाड़ी के पास के अना सागर तालाब के किनारे बस गए, यह स्थान पृथ्वीराज चौहान द्वारा शासित राजपूताना राज्य में स्थित था।

68. पवित्र कुरान, सूरा अल-बकरा, पद-2 : 256।

69. सईद आथर अब्बास रिजवी, 'हिस्ट्री ऑफ सूफीज्म इन इंडिया', वॉल्यूम-2, मुंशीराम मनोहरलाल, 1992।

70. कैला रब्बी इश्रह ली सदरी। पवित्र कुरान, सूरा त-हा; पद 20 : 25।

71. अरबेरी, आर्थर जॉन (अनुवादक), 'डिस्कोर्सिस ऑफ रूमी', जॉन मुरे, 1961, पृष्ठ-89-90; अरबेरी (1905-69) अरबी, फारसी तथा इसलामिक विषय के ज्ञाता थे। वे कायरो विश्वविद्यालय के क्लासिक्स विभाग के अध्यक्ष थे और बाद में सन् 1947 से 1969 में अपनी मृत्यु तक कैंब्रिज विश्वविद्यालय के अरबी के सर थॉमस एडम्स के प्रोफेसर रहे। उनके द्वारा किया गया 'कुरान' का अनुवाद गैर-इसलामिक अनुवादों में सर्वश्रेष्ठ माना जाता है।

72. अरबेरी, आर्थर जॉन 'लीगेसी ऑफ पर्शिया', ऑक्सफोर्ड यूनिवर्सिटी प्रेस, 1953; पर्शिया (फारस) ईरान के पठार के पश्चिमी भाग का नाम है। फारसी लोगों की पहचान अलग-अलग समय में बदलती रही। अजेरीज जाति के लोग उत्तर-पश्चिमी इलाके में; खुर्द जाति

के लोग तुर्की की सीमा के पास; लुर जाति के लोग मध्य-पश्चिमी इलाके; भक्तियारी जाति के लोग लुर के दक्षिण में; फारसी जाति के लोग मध्य तथा दक्षिणी इलाके में; बलूच जाति के लोग दक्षिण-पूर्वी इलाके व दक्षिण-पश्चिमी पाकिस्तान में; पठान जाति के लोग दक्षिणी अफगानिस्तान में; तदचिक जाति के लोग उत्तरी अफगानिस्तान में और उज्बेक, तुरकोमल व किजीजियंस उत्तर-पूर्वी अफगानिस्तान में निवास करते हैं। पारसी लोग, जो अधिकतर पश्चिमी भारत में रहते हैं, उनके वंशज वे पारसी जोरोस्टरियन लोग हैं, जो भारतीय उपमहाद्वीप में आकर बस गए थे।

73. रॉबर्ट ए. जॉनसन, 'ओनिंग योर ओन शैडो : अंडरस्टैंडिंग द डार्क साइड ऑफ द साइके', हारपर, सैन फ्रांसिस्को; पुनः प्रकाशित, 1993।

74. फ्लॉयड एच. बराकमैन, 'प्रैक्टिकल क्रिश्चियन थियोलॉजी : एग्जामिनिंग द ग्रेट डॉक्टरिन ऑफ द फेथ', क्रेगिल पब्लिकेशंस, 2001।

75. डेन स्परबर, 'एक्स्प्लेनिंग कल्चर : ए नेचुरेलिस्टिक एप्रोच', ब्लैकविल पब्लिशर्स, 1996; डेन स्परबर एक सामाजिक और दर्शन संबंधी वैज्ञानिक हैं। उन्होंने संस्कृति को 'प्रतिनिधित्वों की महामारी' की संज्ञा दी।

76. रॉबर्ट ए. जॉनसन, 'इनर वर्क : यूसिंग ड्रीम्स ऐंड क्रीएटिव इमेजिनेशन फॉर पर्सनल ग्रोथ ऐंड इंटीग्रेशन', हारपर, सैन फ्रांसिस्को; नया संस्करण, 1989। रॉबर्ट जॉनसन, जंग की परंपरा को माननेवाले एक प्रतिभाशाली मनोवैज्ञानिक थे। उन्होंने भारत में श्रीअरविंद आश्रम में भी अध्ययन किया। "मैं व्यक्तियों में आस्था रखता हूँ, न कि महान् सामूहिक बदलाव में। चेतना के उच्चतर स्तर के सिवा

कोई और नहीं है, जो हमें बदलते हुए युग में देख पाएगा।"

77. माइकल बलिंट, 'दि डॉक्टर हिज पेशेंट ऐंड द इलनेस', एल्सवीर हेल्थ साइंसिस, 2000; माइकल बलिंट (1890–1970) हंगरी के एक मनोविशेषज्ञ थे, जो सन् 1930 के दशक में ब्रिटेन आकर बस गए थे। उन्होंने डॉक्टर और मरीज के बीच के संबंध की भावनात्मक विषय-वस्तु पर बेहतर समझ बनाने में मदद की। बलिंट के कार्य के तरीकों में शामिल था एक प्रशिक्षण प्राप्त संचालक के नेतृत्व में नियमित तौर पर छोटे समूहों में विचार-विमर्श कराना। इस समूह का कार्य प्रशिक्षण तथा शोध दोनों हुआ करता था।
78. रवींद्रनाथ टैगोर, 'आइडियल्स ऑफ एजुकेशन', 'द विश्व भारती क्वाटर्ली' (अप्रैल-जुलाई), 1929।
79. रवींद्रनाथ टैगोर, 'पर्सनैलिटी लंदन', मैकमिलन ऐंड कं., 1917, पृष्ठ 116-17।
80. रवींद्रनाथ टैगोर, 'गीतांजलि', ब्रांडेन बुक्स, 1979। गीतांजलि (बँगला भाषा में 'गीतांजोली') अंग्रेजी की 103 कविताओं का संग्रह है, जिसमें अधिकतर कविताएँ अनुवादित हैं। जबकि करीब आधी (52) कविताएँ, जो अंग्रेजी में हैं, मूल बँगला संस्करण से चुनी गई हैं, जिन्हें 1910 में प्रकाशित किया गया—शेष नोइबिडो (1901), खिआ (1906) और कुछ अन्य पुस्तकों से ली गई हैं। एक छोटा संस्करण 1913 में प्रकाशित किया गया, जिसकी आनंददायी भूमिका डब्ल्यू.बी. यीट्स ने लिखी थी। रवींद्रनाथ पहले गैर-यूरोपीय थे, जिन्हें साहित्य का 'नोबेल पुरस्कार' मिला।

अध्याय-7

81. 2 मार्च, 2006 को बनारस हिंदू विश्वविद्यालय (बी.एच.यू.) में दीक्षांत समारोह में संबोधन। यह पं. मदन मोहन मालवीय ने 1916

में स्थापित किया। वाराणसी, उत्तर प्रदेश में स्थित यह विश्वविद्यालय भारत के प्रमुख विश्वविद्यालयों में से एक है। यह एशिया का सबसे बड़ा अंतवासी विश्वविद्यालय है, जो 1300 एकड़ (5.5 वर्ग किलोमीटर) में फैला है। इसमें प्रतिवर्ष 15,000 विद्यार्थी अपना नामांकन कराते हैं।

82. लेंग, डेविड लेंग, 'सेल्फ ऐंड अदर्स', पेंगुइन बुक्स, 1990; उन्होंने मानसिक बीमारी पर बहुत से लेख लिखे, खासकर मनोविक्षिप्त होने के अनुभव पर। लेंग के अनुसार, मनोविक्षिप्त व्यक्ति का अजीब व्यवहार और भ्रमित-सी बातों का कारण उन चिंताओं के बारे में बताना होता है, जिनको कहना या तो संभव नहीं था या उसकी अनुमति नहीं थी। लेंग ने पागलपन की बढ़ोतरी में समाज, विशेषकर परिवार की, भूमिका को वर्णित किया है।

83. ये पंक्तियाँ 'फील्ड्स' नामक कविता से ली गई हैं, जिन्हें मारको महलर ने रचा था। यह www.learnenglish.org.uk से लिया गया है।

84. नाभिकीय भौतिकशास्त्री शिरले एन. जैकसन, रेनसेलेर पॉलिटेक्निक इंस्टीट्यूट की अठारहवीं प्रेसीडेंट हैं। उन्होंने सन् 1995-99 के बीच संयुक्त राज्य अमेरिका के न्यूक्लियर रेगुलेटरी कमीशन (एन.आर.सी.) के चेयरमैन के पद पर कार्य किया। उन्होंने इंटरनेशनल न्यूक्लियर रेगुलेटर्स एसोसिएशन (आई.एन.आर.ए.) की मई 1997 में स्थापना करने में मुख्य भूमिका निभाई।

85. अमर्त्य सेन, मारथा (ई.डी.टी.) नुसबाउम, 'द क्वालिटी ऑफ लाइफ', ऑक्सफोर्ड यूनिवर्सिटी प्रेस, 1993; जीवन की गुणवत्ता का विचार आमदनी और उपयोगिता की जगह क्षमता व मानव की उन्नति को मान्यता देता है। पूरा ध्यान क्षमता बनाने पर रखा जाता है, न कि प्रति व्यक्ति आय के मानक पर।

86. ब्रेना लोरेंज, स्टेट कॉलेज, पेनसिल्वेनिया, संयुक्त राज्य अमेरिका

से हैं। ये पंक्तियाँ www.heptune.com नामक वेब साइट से हैं, जिस पर विज्ञान संबंधी हास्य सामग्री उपलब्ध है।

अध्याय-8

87. 3 अक्तूबर, 2003 को हैदराबाद स्थित नेशनल एकेडमी ऑफ लीगल स्टडीज ऐंड रिसर्च यूनिवर्सिटी के दीक्षांत समारोह को संबोधन।

88. सूरत का आध्यात्मिक घोषणा-पत्र, 15 अक्तूबर, 2003 को श्री बाल गंगाधरनाथ स्वामीजी, डॉ. होमी बी. धल्ला, बिशप डॉ. थॉमस दाबरे, युवाचार्य महाश्रमण, साध्वी प्रमुखा कनकप्रभा, जगद्गुरु श्री श्री श्री शिवारात्रि देसीकेंद्र महास्वामीजी, श्रद्धेय एटेनस्लस फर्नांडीज, स्वामी जितातमनदा, श्रद्धेय सईद मोहम्मद जिलानी अशरफ, श्रद्धेय इजकल आइसेक मालेकर, प्रिंस हुजाइफा मोहिउद्दीन, ब्रह्म कुमारी सुदेश दीदी, डॉ. जसवंत सिंह नेकी, वेन. राहुल बोधी तथा मौलाना वहीदुद्दीन खान। यह लंदन स्थित जैन विश्वभारती इंस्टीट्यूट की वेब साइट www.herenow4u.de पर उपलब्ध है।

89. जॉर्ज एफ. सेंट-लॉरेंट, 'स्प्रिच्युएलिटी ऐंड वर्ल्ड रिलीजियस : ए कंपेरेटिव इंट्रोडक्शन', मैक्ग्रा-हिल, 1999।

90. बुररबारदत्त, मार्गरेट ए. मेरी गेल नागई-जैकबसन, 'स्प्रिच्युएलिटी : लिविंग ऑवर कनेक्टेडनेस', थॉमसन डेलमर लर्निंग, 2001।

91. रिचर्ड पॉटर, 'ऑथेंटिक स्प्रिच्युएलिटी', लेवेलिन वर्डवाइड, 2004।

92. 'जलाल अल-दिन रूमी' (मूल रूप से फारसी में), कोलमन बार्क (अनुवादक), मेपॉप बुक्स, 1992।

93. स्टीफन हेथरिंगटन, 'गुड नॉलेज, बैड नॉलेज', ऑक्सफोर्ड यूनिवर्सिटी प्रेस, 2002।

94. डेनियल पैट्रिक (ई.डी.टी.) लिस्टन, 'टीचिंग, लर्निंग ऐंड लविंग : रिक्लेमिंग पैशन इन एजुकेशनल प्रैक्टिस', रूटलेड्ज (यू.के.), 2003।

95. पॉल विलियम्स, 'बुद्धिज्म', रूटलेड्ज (यू.के.), 2005। बेल हुक्स, 'टीचिंग कम्युनिटी', रोटूल्डेज (यू.के.) 2003।

96. विक्टोरिया गिल, 'दि इलेवन कमांडमेंट्स ऑफ गुड टीचिंग', कॉरविन प्रेस, 2001।

97. टर्नर, एडविन आर्थर, 'दि असेंशियल्स ऑफ गुड टीचिंग', डी.सी., हीथ ऐंड कं., 1920।

98. ट्रुथमैन, नेलदा सी., 'दि टीचर विदिन', ट्रैफोर्ड पब्लिशिंग, 2002।

99. डेविड हारग्रीव्स, 'क्रीएटिव प्रोफेशनलिज्म : द रोल ऑफ टीचर्स इन द नॉलेज सोसाइटी', डेमोस, 1998।

100. डोरोथी वाल्टर्स, 'मेरो ऑफ फ्लेम : पोएम्स ऑफ द स्प्रिरिच्युअल जर्नी', होहम प्रेस, 2000।

□□□

कलाम की कलम से

अग्नि की उड़ान

डॉ. ए.पी.जे. अब्दुल कलाम
अरुण तिवारी
जाग्रत् भारत श्रेष्ठ भारत

ए.पी.जे. अब्दुल कलाम
सृजन पाल सिंह
खुशहाल व समृद्ध विश्व

ए.पी.जे. अब्दुल कलाम
वाइ सुंदर राजन
वैज्ञानिक भारत

मैं कलाम बोल रहा हूँ

महाशक्ति भारत
ए. पी. जे. अब्दुल कलाम
वाइ सुंदर राजन

ए. पी. जे. अब्दुल कलाम
मेरे सपनों का भारत

पी.एम. नायर
करिश्माई कलाम

डॉ. ए.पी.जे. अब्दुल कलाम
भारत भाग्य विधाता

डॉ. ए.पी.जे. अब्दुल कलाम
मेरी जीवन-यात्रा
कलाम की कहानी, उन्हीं की जुबानी

ए.पी.जे. अब्दुल कलाम
जीवन वृक्ष

आचार्य महाप्रज्ञ
ए.पी.जे. अब्दुल कलाम
सुखी परिवार समृद्ध राष्ट्र

क्या है कलाम?

हमारे पथ-प्रदर्शक

तेजस्वी मन
महाशक्ति भारत की नींव
ए.पी.जे. अब्दुल कलाम

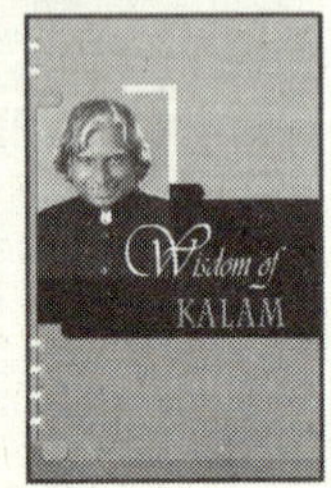
Wisdom of
KALAM

हम होंगे कामयाब

1000
कलाम प्रश्नोत्तरी

विजयी भव

Songs of Life
(Poems)
A.P.J. Abdul Kalam

Guiding Souls

APJ Abdul Kalam
You Are Born To
BLOSSOM